The Five Languages of
Appreciation in the Workplace

赞赏的5种语言

[美] 盖瑞·查普曼〔Gary Chapman〕

保罗·怀特〔Paul E. White〕 著

延 玮 译　　赖伟雄 审译

中国商业出版社

图书在版编目（CIP）数据

赞赏的五种语言／（美）查普曼（Chapman, Gary. D.），
（美）怀特（White, P. E.）著；延玮译． -- 北京：中
国商业出版社，2012.12
  书名原文：The 5 languages of appreciation in the workplace
  ISBN 978-7-5044-7535-0

  Ⅰ．①赞… Ⅱ．①查… ②怀… ③延… Ⅲ．①语言艺
术—通俗读物 Ⅳ．① H019-49

中国版本图书馆 CIP 数据核字（2013）第 002939 号

著作权合同登记号 图字：01-2013-0227

Originally published in the U.S.A. under the title "The Five Languages of
Appreciation in the Workplace"
Copyright © 2011 by Gary D. Chapman and Paul E. White
Published by Northfield Publishing
820 N. LaSalle Boulevard
Chicago, IL 60610

责任编辑：孙锦萍

中国商业出版社出版发行
010–63180647 www.c–cbook.com
（100053 北京广安门内报国寺 1 号）
新华书店总店北京发行所经销
环球印刷（北京）有限公司印制

880×1230 毫米 32 开 5.5 印张 100 千字
2013 年 4 月第 1 版 2013 年 4 月第 1 次印刷
定价：28.00 元
★ ★ ★ ★ ★
（如有印装质量问题可更换）

序

　　写《爱的五种语言》时，我丝毫没有料到英文版的销量居然超过了六百万册，并被译成40多种语言。但我确实知道，五种爱语的概念能极大改善婚姻关系。刚涉足婚姻家庭辅导领域时，我发现，每个人感觉到被爱的方式都不一样。我发现很多夫妻确实真诚地表达爱意，但由于没有说出对方主要的爱语，并没有建立感情的连接。

　　随着我在全美各地举办巡回婚姻研讨会，每一个星期，都会有夫妻对我说："我们已经在考虑离婚了。幸亏有人推荐了你的《爱的五种语言》，这本书挽救了我们的婚姻。"满足对方爱的需要是幸福婚姻的基本要素。当爱的需要被满足时，不仅会令夫妻关系更加亲密，还能改善生活的其他方面；反之，两人就会渐行渐远，冷若冰霜。

　　在过去的15年中，无数人和我分享他们如何在专业环境中使用这五种语言。一位主管说："在工作场合，我们不说这是爱语。我们把它称为赞赏语。这是同样的概念，非常有威力！这样做了以后，办公室氛围极大改观，员工们更加快乐，工作效率大大提高。"

　　许多人鼓励我写一本关于赞赏语言的书，以提升团队成员的工作满意度和工作效率。因为我多年来一直专注于婚姻家庭辅导工作，想找一个既有理论功底、也有商务经验的合著者。当我遇到保罗·怀特博士的时候，我知道我找对人了。在过去很多年里，怀特博士擅长并成功帮助多家家族企业有效、顺利地向新一代领导者过渡。在这个角色中，他和不同机构的许多领导人紧密合作。

在过去三年里，我和怀特博士一直致力于"赞赏式激励项目"，共同设计了一套"赞赏激励方式测评"，帮助员工了解自己的主要赞赏语，第二赞赏语，以及对他们最没有意义的赞赏语。怀特博士针对不同的企业特点，设计了不同测试方案，并在不同的商业环境下进行了多次应用测试。我们发现，令某一位员工感到被赏识的方式，并不一定令其他员工感到被赏识。然而，当一位主管学会说下属的主要赞赏语，效果是非常奇妙的。因此，我们为这本书的出版感到无比激动，期待本书及书中的"赞赏激励方式测评"能帮助成千上万企业管理者，通过学会说下属的主要赞赏语，来营造一个更加积极的工作氛围，提高大家的工作积极性。

我们诚挚地相信，你将要读到的内容，能帮助你创造一个更好的氛围，让人们深深感觉被赏识。人们会用全新的忠诚度和承诺，来回应被赏识，令企业更成功。

盖瑞·查普曼博士

前 言

在工作中，你感觉自己被赏识吗？如果答案是肯定的，我相信你一定很喜欢每天去上班工作，否则，你的工作只不过是维持生计的手段而已。当然，除了志愿者，又有谁忙碌打拼不是为了薪水呢？大家都希望自己的薪水越高越好。但是，决定一个人工作满意度的第一要素不是薪水高低，而是在工作中是否得到了足够重视和赏识。美国劳工部的一项调查显示：64%的人因在工作中得不到赏识而辞职，不管他是公司的CEO，还是普通的家政服务员，一概如此。人们在内心深处都渴望被赏识，这项需求得不到满足，工作满意度就会降低。

以下是三位员工的评论，他们来自不同的工作环境，但都渴望在工作中得到赞赏。

> "如果我早知道他们看重我的工作，就不会离开了。"戴维这样说。他30岁，是一家房地产公司的财务总监助理，在这家公司做了一年零三个月。开始的时候，戴维因这份工作所带给他的个人和专业成长而兴奋。但了一段时间后，他越来越失望。
>
> 戴维告诉我们，他决定跳槽。"不是因为薪水，而是因为我不论工作多努力，做出多大的成绩，从来听不到半句积极的评语。但只要犯一点小错，就立刻有人说你。如果我做得好的，却是静悄悄的。"
>
> * * *

在一家知名制造企业的员工培训上，辛迪笑着对我们说："日子到了！"

"什么日子？"旁边一位同事不解地问道。

那时，我们刚给员工发了他们"赞赏激励方式测评"分析结果，让他们在分组讨论前看自己的测评报告。辛迪的测试结果表明，她的主要赞赏语是"服务的行为"。在工作时，如果有人能伸手帮助她一把，特别是在她忙得不可开交的时候，她会很受鼓励。

辛迪担任这家企业的总裁助理已20多年，对自己的上司斯蒂文先生非常了解。虽然斯蒂文先生已经70多岁，不是天天都来公司，但辛迪的工作并不清闲——安排老板频繁的旅行，管理他的个人事务，并及时向他汇报企业的经营情况。

辛迪在她的"赞赏激励方式"测评表中写道：如果老板或同事想表达对她的感谢，最好的方式就是在她忙得焦头烂额的时候帮助她一把。她说："如果斯蒂文先生什么时候肯动一下他的手指头帮助我一把，我会心脏病突发，猝死过去。"她虽然在开玩笑，但语气中带着幽默。

我们和她的同事都看得出来，辛迪目前无非是在熬时间。她的薪水不低（据说，是这个社区同等职位中最高的），而且很快就要退休。尽管她对公司非常不满，总是怒气冲冲，但还是不会轻易选择辞职。这让同事们很是懊恼。

* * *

　　"我喜欢这份工作！"塔米开心地说，"我真想不出还有什么其他地方能比得上为琼斯医生工作更好的了。别误会，为琼斯医生工作并不轻松。他对我们要求很严，我们也做得很卖力，每天接待很多病人，彼此相互督促，为患者提供高品质的服务。"

　　我们听说，琼斯医生是一位口碑很好的验光师，工作努力高效，对待患者极为耐心负责。我们还听说，医务助理们排着队想为他工作。

　　"你们为什么喜欢和他一起工作呢？"我（保罗）问道。

　　"因为他对我们太好了。虽然这里的工作强度大，节奏快，但是他总是不忘关心我们。"

　　当她说自己得到关心时，我很好奇："真的吗？他怎样让你和同事觉得被关心呢？"

　　"首先，我们每星期会开一次员工会，讨论本周的工作——哪些方面做得好，哪些方面有困难，然后大家一起讨论如何解决。

　　"他每个月会请我们吃一次午饭（时间比平时多半小时），有时候他给我们讲讲本领域的新动向或新技术。到了圣诞节，他给每个员工发100元的购物卡，并专门放一天假让我们去购物。当然，最重要的是，他为人积极，总是鼓励我们，人前人后，常常夸奖我们工作做得好。

　　"其他地方工资再高，我也不愿意去。"

职场"爱之语"

从上述三个真实例子中，我们可以看到员工能否感到被赏识所产生的影响。在不同的工作场合，这些情况一再出现，不胜枚举。真实情况是，令某些人感到被赏识的方式，并不一定适用于其他人。即便有些公司注意到这一点，也常常由于表达方法欠妥而收效甚微。

我们看到《爱的五种语言》对数百万家庭产生了积极影响，也看到在工作场合中表达赏识和鼓励的重要性，我们尝试将五种语言的概念应用在工作关系上。本书的目的是：

- 介绍赞赏语言的理念，尤其用实际生活的例子帮助大家理解这个概念；
- 帮助你了解自己的主要赞赏语、次要赞赏语，以及最无效的赞赏语（借助"赞赏激励方式测评"）；
- 帮助你看到，在不同情景下，如何应用这些赞赏语来改善自己的人际关系；
- 给你一些方法和建议，帮助你在实际生活中应用这些原则。

让我们先从理解在工作场合赞赏的概念，以及它对建立和维护积极工作关系的重要性开始吧。

Section One

第一部分 **基 础**

第 ① 章

赞赏式激励的概念

我（盖瑞）有位朋友在一家非营利机构工作。有次和他一起吃饭的时候，我和他谈到和怀特博士开展的"赞赏式激励"项目。向他简单介绍完之后，我说："我可以问一个关于你工作的私人问题吗？"

他说，"当然可以。"

我问他："你觉得你的直接主管赏识你吗？如果用0至10分来评价他对你的赏识，你觉得是几分？"

"5分吧。"我可以感觉到，他说5分的时候，语气中带着一丝失望。

我的第二个问题是："还是用0至10分来评价，你的同事对你的认可程度如何呢？"

"大概是8分吧。"

"与你密切合作的同事有几个？"

"两个。"

"这两个人对你的认可程度相同吗？"

"不相同，"他答道，"一个是6分，一个是9分，平均就是8分了。"

调查研究显示，员工对领导和上司的赏识，与对普通同事的赏识相比，喜欢程度是二比一。然而，我们大多数人都认为，如果能得到同事的认可，工作会更开心。不论你是生意人、总裁、主管还是普通员工，本书都可以帮助你懂得如何更有效地向别人表达赏识和认可。

为什么在工作场合中感觉被赏识如此重要呢？因为我们每个人都希望自己做的事很有价值。如果得不到上司或同事的重视，人们就会感觉自己像机器或物品那样。如果一个人努力工作却无人关注，工作积极性就会每次消失一点点。畅销书《高效能人士的七个习惯》的作者史蒂芬·柯维对此深有感触，他说："人基本的生存需要得到满足后，最迫切的就是心理需要的满足——希望被理解、被肯定、被赏识。"

人际关系中若是少了赞赏的滋养，结果是可预测的：

· 团队成员会感觉到互相之间关系疏远，也无法认同所在机构的使命；

· 工作者会感到挫败，感觉"没完没了地工作，从来都得不到赏识"；

· 员工开始对自己的工作、同事和领导心生不满；

· 于是，大家开始认真考虑跳槽，另谋高就。

为什么说"谢谢"并不足够

表达对团队成员的赏识听起来很容易，不费周折。很多时候，确实如此。然而，我们也知道，若想赏识能有效地鼓励人们，需要注意以下几个方面。

首先，研究表明，笼统地对整个组织的员工表达赞赏，不是很有效。要让认可和赏识发挥作用，它必须是性格化和亲自表达的。对团队全体成员泛泛说"谢谢"，产生不了什么影响。实际上，我们在与企业一起工作时发现，这种做法反而会引起大家的反感，造成负面情绪。人们希望得到真诚的赞赏，而不是一句场面话。人们对领导者言不由衷、只是执行从上而下的"每星期至少对团队成员说一次感激的话"的计划，并不领情。我们当然知道我们被认可，但我们希望这种认可是真诚的，而不是计划出来的。

其次，赏识需要被接受者认为是有价值的，才能发挥作用。这体现在表达赏识的性格化上。如同每个人在家里都有主要爱语一样，每个人在工作场合也有主要的赞赏语言。

对于主管来说，困难在于知道哪种行为能打中靶心，并有效地将自己对团队成员的赏识有效传递出去。这就是我们设计"赞赏激励方式测评"及具体操作方式的原因所在。我们想开发一个工具，帮助企业领导人以准确、性格化的方式，来表达对员工的赏识，而不用猜测哪种方式更有意义。白金汉和克利夫顿在畅销书《现在，发现你的优势》中说道："管理人员要想卓越发挥，把人们的才华变成有生产力的、有力量的优势，需要把握一个非常重要的因素。缺少这个因素，你绝对无法发挥卓越。这个极其重要的因素就是注重性格化。"我们非常认同这个观点。

第三，当员工感觉不到赏识，或者情感上得不到上司支持，很容易感觉筋疲力竭。在当今经济不景气的情况下，很多企业减少人手，加薪和补贴增长也相对缓慢下来，甚至停顿，但员工承担的压力比以往更大。在这种情况下，员工很容易感到失望。工作更多更重，而支持更少，财务得益少了，对未来的忧虑加起来，使人们对未来更没有安全感。

我们发现，很多机构在想方设法，鼓励和奖励人们把事情做好，但无法用金钱的方式达成这个目的。在政府、学校、社会服务机构以及非营利组织，尤其迫切。现在，管理人员必须找到不需要投入大笔的金钱、又能鼓励大家做好事情的方法。

最后，对于企业领导人来说，这里有一个好消息：当领导人积极地向团队成员表达对员工的赏识，整个团队的文化氛围都会得到改善。最终，管理人员报告说，团队里每个人都更享受自己的工作，所有人都能在被赏识的氛围中成长繁荣。

错位的赞赏

我们前面提到，每个人都有主要和次要赞赏语言（以下简称"赞赏语"），主要赞赏语对我们的影响比其他赞赏语更深刻。虽然我们能接受所有五种方式的赞赏语，除非人们用我们主要的赞赏语来和我们沟通，我们才会真正感受到鼓励。如果信息总是用除此之外的方式来沟通，信息所表达的意图就会错位，失去发出者所希望的效果。

我们都倾向于用对自己最有意义的方式来和别人沟通，仿佛是"自说自话"。然而，如果我们说的不是人们的主要赞赏语，它们对人们的意义，就不会像在我们身上那么大。所以有些公司奖励员工，但员工却不领情，是因为赞赏没有传到他们的心里。

例如，埃伦带领的销售部在客户服务方面成绩突出。在她们部门的季度会议上，埃伦经常会被邀请上台领奖。然而，对埃伦来说，这简直是折磨。她是个喜欢低调的人，最不喜欢被众人关注。相对而言，她更喜欢和上司面对面交流，探讨如何进一步提高客户服务的质量。由此可见，埃伦的主要赞赏语是"精心时刻"，而不是"肯定的言辞"。在众人面前表扬她，只能让她又尴尬又难受，起不到鼓励作用。

错位的沟通方式，起不到沟通的作用，常使双方倍感挫折。想想下面这种情景。

"迈克怎么了？"克莱丽不解地问，"我夸奖他工作做得好，还给他买了他最喜欢的扬基队比赛门票，感谢他为完成项目付出的额外工作。可他根本不领情，对老板说我不重视他的付出。他到底想要我怎么样？"

原来，迈克接到这个项目的任务时，非常希望同事们能和他一起工作。虽然必要的话，他完全可以单独完成，但他更喜欢团队合作。他的主要赞赏语是"服务的行为"。如果有领导或同事在一些晚上能留下来和他一起加班工作，他会倍感鼓励。完成任务后口头表扬或送礼物，当然没有问题，但这并不能满足他渴望赏识的感情需求。

用我们身体需求来做个比喻。我们每天都会时不时感到口渴、饥饿或疲劳。有些人看到我们有需要时，会主动帮忙；但他们会根据自己认为你需要什么，来给你帮助。你或者口渴难耐，很想喝水，而他们却给你一把椅子。的确，坐下来休息会也不错，但你的嗓子还是渴得冒烟。如果你工作了一天疲惫不堪，朋友给了你一包零食，却不让你坐下。食物虽然能暂时让你重振力气，但这样做并不能让你得到你需要的休息。同样，如果你的表达方式并不是对方需要的，你充其量只是表示了友好，但并没有满足对方想得到赞赏的需要。

谁能使用"赞赏式激励"

开始进行项目调研的时候，我们想象着主管们使用这些"赞赏式激励"的原则，去提升他们和下属之间的工作关系。但是，当我们在各行各业不同机构实地测试这个模式时，我们发现了一个有趣的回应：赞赏同事和向人们表达欣赏的理念，受到几乎所有角色和场合的人们的欢迎。团队成员一次又一次、持续不断地把这个概念用在他们的同辈身上，以及用在管理下属方面。我们的结论是，人们都乐意向和自己一起工作的人表达赞赏和欣赏，无论他们在组织里扮演什么角色。

因此，你会发现，我们在整本书中，经常反复提到一些字眼，例如主管、经理、同事和团队成员等等。我们发现，这个理念适用于任何工作、各种职位关系。

这就带出了本书的主题：我们相信，在工作场合的人，不论是雇佣关系还是志愿者，都需要得到赞赏，才能享受工作、做到他们的最好，并且长时间工作。理解自己和同事是如何被赞赏的，将会大大改善你在工作场合的人际关系，提高你的工作满意度，营造一个更好的工作氛围。我们写作本书的目的，就是为你提供有关工具、资源和信息，帮助你真正掌握这个技能，有效应用在你的工作环境中。

开始应用

1. 请在0至10分的范围内，选择一个数字来评估你的直接上司对你的赏识程度。

2. 请在0至10分的范围内，选择一个数字来评估你的同事对你的认可程度。

3. 当你在工作中感到沮丧时，别人怎么做能鼓励你？

4. 当你想表达对同事的赞赏时，你通常会做什么？

5. 你认为你自己和你的同事清楚知道如何互相表达赞赏吗？

6. 你有多大兴趣去寻找有效方式，来支持和鼓励同事，来营造良好的工作氛围？

第 2 章

致生意领袖：赞赏和鼓励的回报

　　生意领袖，无论他们经营自己的生意，还是做管理工作，最关注的莫过于利润和投资回报。事实上，投资回报率确实是衡量领导人和管理者专业水平的标准之一。虽然大多数老板都希望员工享受本职工作，对公司抱着积极思维，但在评估一个项目或者活动是否可行时，最终还是要看它对企业的财务健康带来什么影响。如果某件事情（例如赞赏式激励）无法带来经济效益，同时却要付出更多的时间和精力，为什么会愿意有人尝试呢？

　　我们每次向企业高管和机构管理者介绍赞赏式激励理念时，他们都次都会提到："为什么要表达赞赏？我们付的薪水很公平，在当今经济环境下，他们能有一份工作就应该感恩了。当然，我们也希望他们能做得开心，感受到被欣赏；但另一方面，我们这是在做一件生意，关键是要提供产品和服务、赚取利润，不是给你拥抱、让你感受温暖。"

　　对于为企业财务状况负责的人来说，这种反应很常见，也合情合理。企业经营的现实很严格，也很残酷。如今，经营者和管理者们面对的是全球化的竞争，预算紧缩、税率提高、高素质人手紧缺，没有人有时间和精力浪费在与机构成功无关的事情上。

所以，我们需要回答一个基于现实的问题："不断向下属表达赏识，我（或者我的公司）究竟能得到什么益处？"

在这一章里，我们将要回答这个问题，帮助企业领导者看到，采用赞赏式激励会得到什么回报，是否值得投入额外的时间和精力。

情况的改变

我们2006年着手做这个项目的时候，就经常有报道说，企业越来越难招聘高素质的员工。当时，劳动力市场的突出问题是：随着二战后婴儿潮一代的老龄化，出生率降低，劳动力市场开始缩水，工人缺乏经验，职业道德退化。

现在，市场环境和以往不同了。随着经济越来越全球化，国际市场的确像托马斯·弗里德曼（Thomas Friedman）在其畅销书《世界是平的》中描述的一样。过去，企业基本上是和本地、本区域、最多是本国的同行竞争，现在大多数企业以及找工作的个人，却要面对来自中国、印度、新加坡、哈萨克斯坦、巴西等国际性对手，还有很多本地的竞争。企业需要在一个竞争激烈程度前所未有的环境中生存。

第二，从2008年开始的经济萧条席卷全球，极大地改变了商业环境。美国企业为了维持运转纷纷裁员，数十万人失业，留下来的员工也不得不面对减薪和减少福利。企业想生存，也想留住员工，结果是连续几年没有加薪或发奖金。在当今的经济环境中，雇主和雇员都需要做出牺牲。对于当今企业和机构来说，如何留住高素质的劳动力？这是一个最关键的问题。

管理者的五大难题

我们与企业和生意领导者们交流，询问在人力资源管理方面，他们遇到的最大困扰。他们的回答是：

· 失望
· 疲惫
· 崩溃
· 多年营造的良好企业文化在流失
· 财务资源有限的情况下，如何激励员工

由此可见，企业希望在不增加财务开支的情况下，保持员工积极的士气，这种需要比以往更迫切。如今员工普遍容易感到失望和疲惫。雇主和管理者们都看到了这一点，并努力寻找解决办法。

工作保障对员工是至关重要的，他们需要相信自己的职位是稳定的。但是，没有哪个雇主能够保证这一点。然而，让员工感觉自己被需要、被赏识，能缓解他们的紧张情绪。我们目前所知道的最好办法，就是用员工认为有意义的方式，向他们每一个人表达赞赏。

为什么人们会离开

当我们做培训或者给企业提供咨询时，经常会问这样一个问题："你们认为员工换工作的主要原因是什么？"大部分人都说是为了更多薪水或更好职位。然而，我们知道，这并不是员工换工作的主要原因。美国一家著名离职访谈公司在4年内采访了数千名离职者，得出以下结论：

误解：89%的管理者认为员工跳槽的主要原因是为了更高薪水，只有11%的管理者认为是出于其他原因。

事实：因为薪金待遇而跳槽的员工只有12%，88%的人是因为其他原因。事实上，员工跳槽主要是心理因素，包括不被信任或感觉不被珍惜。如果员工觉得他们的努力得不到认可或不被重视，就会选择离开。

管理者们需要重视这个问题：企业正在面临人才流失的风险，原因就是人们得不到上司和同事的赏识。遗憾的是，大多数管理者看不到这一点，仍旧专注于用金钱和待遇来留住员工。正如一位受够了的经理所说："不论他们付给我多高的薪水，我都不想做了。那里根本没有支持。"

有趣的是，盖洛普调查报告指出，美国有70%的人表示，在工作中，从未得到过表扬和认可。如果大部分人连口头赞赏都得不到，又怎么能觉得自己被赏识呢？

调研结果：各行各业的赞赏

我们发现，在商业世界，很多人对工作场合的赞赏有着各种偏见。有一种偏见认为，某些行业和职业的人比其他行业的人赞赏更需要赞赏式激励。按照我们的经验，这种观点是错的，关键不在于行业和职位，而在于企业领导人。

市面上有专门针对某些行业对赞赏需要程度的调查研究，我们根据这些研究结果，总结出下面这个列表。请留意，因为信息更新很快，每个月都会有新的数据出来，所以这个列表并不是最终结论。

- 内科医生
- 银行职员
- 公立学校教师
- 特殊教育学校教师
- 流水线工人
- 工厂工人
- 牧师
- 康复辅导员
- 社会工作者
- 教育管理人员
- 篮球裁判
- 护士
- 执法人员

- 律师
- 公务员
- 会计
- 保姆
- 公司职员
- 政府机构职员
- 企业管理人员
- 信息技术人员
- 学校校长
- 棒球裁判
- 义工培训人员
- 公交司机
- 酒店经理

从上表中我们不难看出，无论各行各业，赞赏对员工的影响都很大。不仅仅在北美地区，在欧洲、亚洲、南美和大洋洲，各行各业的人们越来越认识到：在工作场合，有效表达赞赏能产生非常积极的效果。

工作满意度：数据说明了什么

为了帮助企业领导人认识到，对团队成员持续不断、个性化的赞赏，能帮助企业更加成功，我们需要从一个基本概念，即工作满意度开始。工作满意度是一项可以量化的指标，度量员工（或志愿者）对自己在一个工作有关的机构中所扮演角色的满意程度。组织发展和企业管理领域的研究人员对这个概念做了大量工作。这方面的著述很多，在此我们就不再赘述，只是引用其中一些重要发现。

人员流失的巨大成本

大多数企业经营者和管理者都知道，当一个人离开一个机构、需要寻找替代人员时，企业最大的成本就发生了。人员流失成本方面的研究人员，阿巴西和霍曼指出："不论是国家还是私营企业，人员流失都是导致生产力下降、员工积极性减退的最主要因素之一。"（*Public Personal Management*，2000年9月）

有些研究人员指出，人员流失的可见成本包括：合同的中断、新员工的招聘广告、应聘者的交通费以及筛选、聘用、聘用新员工、新员工培训、奖金、安置费等等。

在我们为企业提供咨询的时候，管理者们经常说，寻找、招聘和培训新员工的过程，是他们最不喜欢的工作之一。大部分管理者都专注于做好工作上面，他们想加速达成团队的目标，分神分力在招聘新员工上面，对他们是一个很大的干扰。另外，很多主管并没有接受过恰当的培训，去做招聘的事情，所以，他们总体感觉自己力不从心，做起来也不舒服。

人员流失有着额外的隐性成本，包括：由于工作岗位空缺、短时间内团队的执行力下降、人心不稳定、生产率降低；在新员工适应工作阶段，难免会影响跟老客户的关系。

遗憾的是，从企业角度来看，最有可能离开的员工，通常是那些最有才华、受过良好训练、有能力对团队作出积极贡献的人。他们最有可能离开，因为他们可以得到其他的发展机会。

归纳来说，人员流失的成本，是企业最大的可控成本之一。

有些研究人员称，全美国的企业，每年人员流失所耗费的成本总计约5万亿美元。如果一家企业能长期留住高素质人才，就能通过降低成本、维系良好的客户关系，在激烈的竞争中保持优势。

工作满意度和长期忠诚度

如果经营者和管理者希望留住员工，什么方法是最好的呢？传统观念认为，高薪加上优厚待遇是吸引和留住人才的关键。这对某些行业或某些人的确有效，比如一些金融机构，但大部分人都不会为了得到更高薪水，而离开现有的工作。有趣的是，即使是在人们所通常认为的对薪水高低更加敏感的蓝领行业，研究表明，工作满意度依然是他们对于工作长期承诺的主要因素之一。

其实，不论从事哪个行业和职业，工作满意度都是一个人在现有职位上长期工作的最好指标之一。准确来说，工作满意度低和人员流失率高直接相关。

心理学家和其他研究人员"发现"了一些显而易见的现象，其中有这样一条：当一个人心里开始有了"看看其他工作机会"的念头，就基本可以确定他想离开现在的职位了。这种行为是符合人们普遍的行为模式的。绝大部分行为的起源，都只是一个模糊的想法，随着想法不断成熟和扩展，逐渐形成一个整体思维模式或者信念系统，人们就会开始在头脑中进行模拟的行为，并在现实生活中寻找机会。一旦时机成熟，人们就开始按照想法来采取行动。

我们之所以介绍这些，是因为员工跳槽的念头，与他们当前的工作满意度有极大的关系。工作满意度越低，人们就越可能考虑离开他们的工作。按照这个逻辑，如果一个生意人想要留住雇员，就需要这样想：

员工对现有工作的满意度需要比较高 → 他们不会
开始考虑离开 → 他们不会采取行动，离开公司

现在，显而易见的问题出现了：哪些因素会影响员工的工作
满意度呢？

工作满意度与赞赏

因为工作满意度如此重要，研究人员开始反复研究影响工作
满意度的因素。经营者有着几十种工作满意度的测评工具。研究
人员发现，工作满意度和以下因素密切相关：

· 工作的复杂程度（越复杂的工作，满意度越高）
· 薪水高低
· 整体工作环境
· 认可
· 能发挥自己的技能和才华
· 感觉到自己从事的工作被重视
· 同事间的人际关系质量
· 同事的工作满意度
· 是否有决定权
· 承担的责任
· 工作量

分析上面的因素，可以得出结论：一个人的工作满意度，和
周围同事对他认可、赞赏的程度有很大关系。

人们对赞赏的渴望与职位高低没有关系。无论是老板、

CEO、中层经理、流水线工人、前线服务人员，都表达了被赏识的需要。人们对赞赏的渴望，也不限于某个行业和某个职位。银行经理、建筑工人、教师、财务顾问、行政助理、牧师、计算机程序员、社会工作者等等，都有被赞赏的需要。他们认为，在工作中得到赞赏，工作就会更愉快。很多中高层管理者谈到，他们选择另谋出路，主要就是在现有工作场合中，无论多么努力都得不到赏识。

其他发现

在不同的学术领域，工作场合的赞赏越来越成为热门研究课题。这不仅仅是因为人们发现，赞赏与工作满意度有很大的关系，也是因为这与数以百万人的亲身感受有关。我们的直觉确定了：

> 在一个对你的贡献表示赏识的环境中工作，比做同样的事情（赚同样多的钱）、却不受周围的人重视，要开心得多。

同样，表达赞赏被证明有助于改善团队成员与主管以及与成员之间的关系。在与企业合作的过程中，我们发现一个有趣的现象：（跟管理者相比）一般员工更看重如何有效地向团队伙伴表达鼓励和赞赏。

在一家全国性的金融企业，不同地区的员工组成团队一起工作。我们发现，这些团队的经理助理们对赞赏式激励的反应非常热烈。詹妮斯是其中一位，她说："太好了！现在我就可以知道，在苏珊被工作淹没的时候如何鼓励和支持她了！"经常会有员工来告诉我们，有效表达对同事的感谢和支持，是多么有价值的事情。

员工的工作满意度直接影响客户满意度。 假设你在商场购物，有事情需要找客户服务代表帮忙，但他们各忙各的事情，在打私人电话或者发短信。你举手招呼他们，他们要么装着没看见，要么一脸的不乐意。显然，他们对自己工作或者帮助你的态度不兴奋。你作为顾客的感觉当然也不会多么正面。调查表明，当员工的工作满意度提高，客户服务的质量也会提高。大多数生意人都明白，客户满意度会决定企业的成败。

在现今的经济环境下，企业都在努力"少花钱，多办事"。很多企业都减少人手，但同时维持同样的产量。这意味着企业要提高生产效能。如何提高生产效能呢？现在，美国的大部分制造企业早已经不能靠提高机械化程度和流程来提高生产效能了，所以需要另辟新路。有些研究表明，提高员工的工作满意度可以提高生产效能。

我们相信，赞赏式激励原则可以成为一个有效工具，供所有企业使用。对于企业来说，它的益处是显而易见的：

- 减少人才流失
- 提高出勤率和生产效能
- 提高客户满意度
- 融洽人际关系
- 营造更积极的企业文化和工作氛围

好消息是，企业的成本很小。赞赏式激励完全可以融入现有的会议系统和架构中。从设计来说，我们的赞赏式激励操作模式就是为了减少财务支出的。

　　调查结果很清楚，我们与很多企业的合作经验也证明，采用了赞赏式激励的公司和管理者，获得了投资回报率的成倍提高。

开始应用

1. 如果你是一名业务经理，想一想你的公司去年有多少人离职。你是否询问过他们离职的原因？（如果没有，建议你问一下，这很有必要，而且能带来利润。）

2. 如果你知道他们离开的原因，你做了什么事情，来解决他们所提出的问题？

3. 既然员工的工作满意度会直接影响到客户满意度，你认为了解下属的工作满意度有多重要？

4. 在过去两年里，你的公司是否让员工做过工作满意度测评？

5. 既然"感到被赏识"是员工工作满意度的主要因素，你会对你的下属使用"赞赏激励方式测评"吗？为什么？

　　如果你想对自己和同事有更多了解，你希望营造更积极、满意的工作环境，让我们到下一章，进一步了解五种基本的赞赏语言。

Section Two

第二部分 赞赏的五种
语言

第 ③ 章

赞赏语言之一：肯定的言辞

　　吉姆·罗纳德属于典型的万人迷。他开朗、积极，有亲和力。作为公司头牌销售，他似乎总是那么乐观、充满活力，有讲不完的笑话。

　　积极乐观的性格，再加上坚忍不拔的精神，使吉姆成为一名非常优秀的销售员。几年下来，他建立了稳固的客户群，又不断开发新客户，收入也非常可观。然而，吉姆工作的动力并不是钱。

　　吉姆很喜欢被表扬——当然，不是那种夸大其词的表扬。他非常看重别人对他的看法。如果某个客户对他说"非常感谢，多亏了你，我们才顺利完成这个项目"，他会微笑，心里很受用。老板当着他的面跟客户说："吉姆是我们公司的大功臣！他能协调好客户关系，出色完成工作。"听到这些，吉姆心里会美滋滋的。显然，他的主要赞赏语是"肯定的言辞"。虽然他也喜欢丰厚的收入，但若得不到"肯定的言辞"，他会立刻想到跳槽。

　　肯定的言辞是指用语言传递对他人积极的看法。使用这种赞赏语时，你是用话语来肯定某个人的优点。正如所有赞赏语一样，每一种都有一些具体的表达方式。让我们看看，肯定的言辞有哪些不同的表达方式。

表扬成就

"肯定的言辞"的表达方式之一，就是通过语言来表扬一个人，而表扬的焦点集中在他取得的成绩或成就上。当工作团队中有的人工作完成得非常好，达到甚至超过了我们的期望时，我们就会用到这种方式。这是吉姆最喜欢的方式，表扬会让他工作起来更有劲头。

在工作场合，这是很常见的赞赏方式。企业或团队存在的目的，就是为了完成某项使命。当团队的一员对这项使命做出卓越贡献时，得到表扬是很应该的。

这种方式的表扬通常集中在具体的事情上。"罗伯特，你今天上午的报告真是太棒了。我喜欢你引入国际化因素。我们需要在这方面多下工夫，谢谢你提醒了我。"

表扬越具体，效果越明显。 当你看到某位志愿者或员工按照你喜欢的方式工作时，立刻给予表扬，他下一次会更有可能重复同样的行为。人类行为方式的研究印证了这种理论。"我喜欢你接电话时开心的语调，以及你主动为客户提供帮助。"你这样说，接待员下次还会这样做。说"谢谢你这么早就来做准备，让我们能够准时出发"，远比说"谢谢，你今天做得不错"要有意义得多。

事实证明，那种泛泛而谈的表扬，如"做得不错！""你是个好学生！"基本上起不到鼓励的作用，也不能增加积极的行为，甚至会让人泄气。常有员工说："我最讨厌老板说：'大家做得不错！路还长呐！加油啊！'这哪是鼓励，简直是诅咒。"再强调一遍：要让表扬有效，就必须具体。

虽然表扬成就的方法对某些人有效，也并非人人适用。有些人喜欢其他的方式。

肯定品格

我们都欣赏同事身上的好品格，包括坚韧、勇敢、谦卑、自律、怜悯、宽容、诚实、正直、耐心、仁慈、仁爱和无私。我们周围的人或多或少都具备某些优秀品格。问题是，你曾为这些美好的品格由衷赞美过他们吗？

对于有些人来说，赞扬别人取得的成就容易，但很难开口赞扬别人的品格。品格是超越行为的，要看一个人内在的特质。我们可以从一个人独处时的行为看出他的品格。如果一个人诚实，即便自己受损失也会讲真话。

品格没有成就那么引人注意，但是从长远来看，员工的品格对企业发展更重要。如果我们忽视人们身上的优秀品格，我们就忽视了公司最大的资产。

如果你已很久没有肯定过人们的品格，你需要静下来思考：你在过去一年与他们的交往中，从他们身上看到哪些优秀品格？记下这些品格，然后组织好感谢他们的话语；例如，你可以这样说："约翰，你是一个诚信的人。我把财务交给你很放心，我感觉很踏实。"你也可以说："金，你真是太有同情心了，我看到你是怎样安慰那些遇到麻烦的人。你总能设身处地为他们着想。我真是佩服你。"组织好这些话语后，多读几遍，直到你能比较自在地说出来。然后，寻找机会针对他们的某一项品格赞赏他们。

对于有些人，这种方式能极大满足他们被赏识的需要。有一位员工这样说："那是我为公司效力15年来最有意义的一天。那天，经理对我说：'罗恩，我可能从来没有对你说过：我很欣赏你。你是我遇到过的最善良的人。每当有同事忙得不可开交，你总会上去帮助他们。那并不是你分内的事，而这恰恰说明了你的品格……'当他那样说的时候，我惊呆了，不知说什么好，只是说了句'谢谢'。那天晚上回家，我把经理的话告诉了妻子，她说：'他说的没错，你也是我遇到过的最善良的人。'我永远也忘不了那一天！"

我们相信，每个公司都有很多"罗恩"，等着有人肯定他们的品格。没什么比这样的赞扬更让他们感觉被赏识了。

关注对方的性格

赞扬的另一种方式，是欣赏人们性格方面的特点。性格是指一个人面对生活的态度和方式。描述性格的方式不计其数，帮助我们识别自己性格中积极和消极的方面。如果我们了解自己的性格特征，就知道如何在生活中扬长避短。

描述人们性格的有以下词汇：

- 乐观
- 积极主动
- 有条理
- 计划性强
- 逻辑性强
- 爱说话

- 悲观
- 消极被动
- 混乱
- 随意
- 凭直觉
- 爱做事

当管理者或员工看到人们性格中积极的一面并由衷赞赏时，会帮助他发挥自己的长处。赞赏一个人的性格特点会让他感到自己被欣赏。如何赞扬人们性格中积极的方面呢？我们举例说明：

- "我最佩服你这种乐观的精神。每次我泄气，跟你聊聊就感到云开雾散。太谢谢你了。"
- "每次走进你的办公室，我就下决心要好好整理自己的桌子。你的办公室总是那么整齐，我也希望像你一样井井有条。"
- "我注意到其他人夸夸其谈的时候，你已经不声不响地把事情做完了；其他人还找不着北的时候，你就已经着手做事了。我非常欣赏你对公司的贡献。"
- "我发现你很敏锐。我们花很多时间想来想去，而你凭直觉已经抓住了要害，而且十有八九都是对的。真不简单。"
- "你这种不急不躁的性格太适合这份工作了。每当客户抱怨时，你总能仔细倾听。你在没有完全了解情况前，从不急于发表意见。能做到这一点很不错。"

如果你想不起上次赞扬别人的性格是什么时候，我们鼓励你现在就开始，刻意地关注他们的性格特点吧。在接下来两个星期里，试着把你观察到的好品格用言语说出来。这是让人们感觉被肯定的重要方法。

方式和场合

肯定一个人不仅有不同的表达方式，还要分不同的场合。了解肯定的场合，是学习肯定话语的另一方面。在下面这些场合，用肯定言辞表达赞赏是最有效的。

单独，一对一

和人们单独沟通，激励的效果最好。简短地说一句"唐，感谢你工作尽职尽责。我知道，为了把工作做好，你付出了很多"，这样就很有意义。众多员工给我们的反馈是，他们很重视这种个人的一对一的交流，这是肯定的言辞最有效的场合。人们认为，那些肯花时间和精力与他们单独沟通的经理和同事，给了他们很大的支持。

当着他人的面

有些人希望被赞扬时，自己看重的人能在场。他们不一定想要多么浩大的声势，而是希望在主管、同事或客户面前被认可，这让他们觉得自己受重视。这种赞扬场合的规模不限，可以是非正式会议，也可以是公司大会。

如果你赞扬的目的是鼓励员工（而不是执行公司的政策），明智的做法是了解员工到底看重什么方式。研究表明，与正式的表彰大会相比，人们更看重小范围内的表扬。

书面

在今天电子信息化的时代，通过书面方式表达对员工的感谢很方便，也很常见。写封邮件或发个短信，用不了几分钟，但是对那些正在加班加点工作的员工却非常有效。有位管理者说，每次他的团队成员做完产品报告后，他都要发个短信，夸奖他们一番。

手写的信或卡片很受有些员工的青睐。他们认为，这种方式更加个人化，而且要花更多时间和精力（因此更体现别人的真诚）。一位非营利机构的负责人经常得到口头表扬，也收到不少鼓励和赞赏的邮件，但他说："这些都不错，但我更看重的是有人花时间给我写一封信或一个便条。"

表彰大会

有些人天生不怯场，喜欢聚光灯，喜欢受人瞩目、接受欢呼声。当主管站在大会台前，赞扬他们带领团队完成了某项重要工作时，的确能让有些长时间辛苦工作的人备受鼓舞。然而，这种方式在操作细节上的差别，会影响受表扬人的满意程度。这些细节包括表彰的方式（提前安排好的或是惊喜）和与会人员（企业高层领导、直接上司、团队成员或家庭成员）。为了取得良好效果，预先了解要接受表扬人的喜好是非常重要的。

"罗伯茨小姐，谢谢你！"

要问谁不喜欢在公开场合得到表扬，那非贝吉·罗伯茨小姐莫属了。贝吉快50岁了，为人低调、安静。她在教会担任兼职，工作勤勤恳恳，默默无闻。贝吉除了每星期日上午安排志愿者照顾一两岁的孩子，还帮助单亲妈妈解决生活困难，如帮助她们采购婴儿生活用品、领取食品补助票及其他经济补助，还常开车送她们去医院看病。

大家非常重视贝吉的工作，感谢她付出的辛劳。她帮助过的人感谢她，教会牧师和同工们同样感谢她。

但她这样做可不是为了得到表扬，公开表扬她或给她颁奖，会令她尴尬。她的动力来自于另一种形式的肯定——妈妈们写给她的便条，哪怕字迹潦草、病句和错字连篇，她也不在乎。贝吉甚至专门建立了一个名为"鼓励文档"的文件夹，把收到的所有字条都整整齐齐地放在里面。每当觉得疲惫、泄气，她就打开文件夹，细细读上面的话。慢慢地，她又振作起来。她看重牧师和教会女性领袖写的字条，但更让她受鼓励的是一个7岁孩子用歪歪扭扭的字体写的话："谢谢你，罗伯茨小姐！我爱你！凯莎。"

一些人告诉我们，他们希望别人这样赞扬自己：

- 时不时说："你工作很努力，谢谢！"
- 给我写一封邮件，说我工作做得很好。
- 当着同事的面，肯定我为某个项目付出的努力。
- 我不在场的时候，告诉其他人，我做得很好。
- 我把工作做好的时候，具体地表扬我。
- 在工作总结的时候，列一个我把哪些工作做好的清单。
- 私下赞扬我。
- 手写一个字条，感谢我的付出。
- 我处理好一件困难的事情之后，鼓励我。
- 把工作做好以后，表扬我们团队。

让所有团队成员参加赞赏激励方式测评的目的在于，你可以得到一份具体的行动方式清单，帮助你了解人们喜欢哪种肯定的方式，以及在什么场合表达。有了这些信息，你表扬的话就能说到员工心坎上了。

虚情假意不如沉默

赞扬的确能激励人，但必须真诚。如果人们觉得你虚情假意、言不由衷，你就不能达到目的。遗憾的是，我们无法控制别人的看法。别人可能会误解我们，认为我们赞扬的动机不纯。我们需要谨记，绝不要说言不由衷的话。

只有跟对方建立了友好、健康的关系时，肯定的言辞才能取得最好效果。如果双方有矛盾或者心怀嫉妒，表扬就显得虚伪。你的声音（单调、低沉或带有明显的嘲讽意味）以及你的肢体语言（东张西望、绷着脸，和对方没有眼神交流）很快就会出卖你。如果你无法向人们表达真诚的赞赏，不如保持沉默，等调整好心态再说也不迟。

忽视的悲剧

最大的悲剧是，虽然很多管理者、主管和同事都非常感谢与他们共事的人，但常常是"感激在心口难开"。我（盖瑞）对曾经看到的一幕记忆犹新。那次，我在一家著名出版社做报告，讲完后一位男士走过来对我说："我在这家公司快20年了，自认为做得还不错。我很有创意，想出的点子给公司挣了不少钱。但是20年来，从来没有人对我说过一句感谢的话。"说着，他流下了眼泪，"真希望你20年前就来公司做这样的演讲。我不奢望每星期或者每完成一个项目都得到表扬。但是，你能不能想象，20年来一次表扬都没有的感觉？"在我看来，显然这位男士的主要赞赏语是肯定的言辞，但是他从来没有得到过。我不禁想，有多少人和这位男士一样，如此渴望得到赞赏？

我们真心希望，读了本章后，你能说出合宜的赞赏，使同事、下属少一些遗憾。抓住每一个机会，说出肯定的言辞吧。

开始应用

1. 上星期你赞扬过你的同事吗？你说了什么？他的反应如何？

2. 上星期你的上司或同事赞扬过你吗？他们说了什么？你的感受如何？

3. 对你来说，同事的肯定有多重要？请你用0～10分来评价。

4. 在接下来两个星期里，选择一名同事，真心说出你对他的赞赏和肯定。

5. 如果你是一位经理或主管，在接下来两天里，选择一名下属，真诚地表达对他的肯定。

第 4 章

赞赏语言之二：精心时刻

安妮·泰勒是一家私立学校的总务主任，是一名团队合作者。学校所有大型活动都由她一手操办，包括一年一度的基金募捐活动和校友联谊会。她在组织管理志愿者方面表现非常出色。

每次项目完成后，安妮最享受的事情就是和主管、同事一起庆祝一番。她常说的一句话是："我们得犒劳一下自己。"每当他们收拾完一个大型活动的会场后，就一起出去吃冰激凌，这成了安妮团队的保留节目，每个人都很期待。安妮希望用这种方式来感谢自己团队的每一个成员。

我们知道，这是"精心时刻"的赞赏语在发挥作用。安妮感觉到自己很受赏识，这要感谢校长乔纳森先生。他经常抽空到安妮的办公室坐一会，对她说："给我讲讲你的工作情况吧。"于是，安妮就会谈一下手头上项目的进展、遇到的困难以及她的建议。与校长沟通的机会让她感到很受赏识和鼓舞。不管乔纳森先生是有意还是无意，他关注安妮的这种方式让她感觉自己是团队的一员，并且给她力量坚持下去。

用精心时刻来表达对员工的赏识，是很有力量的一种方式，但它常常被主管们误解。有的主管认为员工想和自己单独相处，无非是想套近乎，巴结自己，以得到一些额外的好处。我们的研究显示，对于那些主要赞赏语是精心时刻的员工来说，他们的目的并不在于此。他们只是认为，这些事情会让他们觉得自己做的工作很重要，主管也重视自己的贡献。这种方式虽然简单，但人们会觉得自己很受上司赏识。

懂得每个人都需要不同赞赏语的管理者发现，单独关注团队成员，会让他们觉得自己很重要。对于以精心时刻为主要赞赏语的员工，管理者只要花一点点时间，满足他们的需要，就能让他们在很长时间里感觉被重视，并且感到自己和公司的发展愿景是一致的，从而强化他们完成项目的承诺。这种投资是明智的。

詹森是一家诊所的办公室经理，负责行政管理，包括员工调配、排班、管理医疗设备等。诊所共有10名医生，包括兼任所长的舒尔茨医生，还有几名护士和后勤人员。詹森知道舒尔茨医生忙得不可开交——除了为病人看病，还负责带实习生，以及管理整间诊所。因此，舒尔茨医生每星期挤出时间，和他探讨本周的工作和他所关心的事情，詹森都十分珍惜。他说："我知道舒尔茨医生忙得团团转，但她几乎每星期都抽出时间和我谈话。如果她不这么做，我会觉得自己是个局外人，做的工作也无关紧要。"显然，舒尔茨医生让詹森保持动力，她的时间投资非常有效。

何为"精心时刻"？

"精心时刻"指的是在某段特定时间内，将注意力全部集中在某个人身上，而不只是身体在一起而已。很多人虽然整天和同事一起工作，但还是说："我今天还没有和哪位同事有过精心时刻。"人们怎么会有此结论呢？因为精心时刻的关键不是身体是否靠近，而是彼此关注。

精心时刻和肯定言辞一样，也有不同的"方言"，也就是表达方式。第一种也是最常见的方式是高质量谈话，即双方在友好、不受打扰的环境中，双方设身处地地交流看法、感受和愿望。

高质量谈话和肯定的言辞很不同。肯定的言辞关注的是我们说什么，而高质量谈话关注的是我们听到什么。高质量谈话意味着：我要努力营造一个安全的氛围，让你畅所欲言，分享你的成就、困惑和建议。在这个过程中我也会提问，目的不是想打断你，而是真诚地了解你的感受。

管理者通常接受的训练，是去分析问题和解决问题。在解决问题的过程中，我们往往会忽视彼此间的关系。人际关系要求我们站在对方的角度上倾听，理解对方内心的真实感受。有些管理者在倾听方面受过的训练很少，他们也许可以在众人面前侃侃而谈、发号施令，但是一到倾听就力不从心。学习倾听也许跟学一门外语一样难；但是，如果想让人们感觉被赏识，我们就必须要学。这对那些主要赞赏语是精心时刻的员工尤为重要。幸运的是，市面上有很多关于倾听的书籍和文章，我们在此就不再赘述，只是简单列几个有用的小技巧：

1. 保持眼神交流。控制自己，不要看天花板、地面，不要望着窗外或盯着电脑屏幕。你若看着对方，就不容易走神，同时也是在告诉对方：你在专心听他讲话。
2. 倾听的时候，不要做其他事情。有些人总以自己能一心多用为荣。这虽然让人羡慕，但若在倾听的时候这样做，会让对方觉得你对他的话不感兴趣。别忘了，精心时刻的关键是给予对方你的全部注意力。如果你当时正忙，分身无术，你可以坦白说明："我知道你现在想和我聊聊，我也很有兴趣。但是我现在有点急事，你能不能等10分钟，我把手上的事情处理完，再好好聊?"大多数人都会尊重这个请求。

3. 聆听想法，体会感受。听的时候，你要想："他此时此刻是什么感受呢?"你可以通过提问来确认。你可以这样问："这次没有升职，让你觉得很失望、很受伤，对吗?"通过提问，对方可以进一步澄清自己的感受。这样做也是在告诉对方，你在专心听他讲话。

4. 即使观点不同，也要肯定对方的感受。我们都是感情动物，忽视了情感，等于忽视人性中重要的部分。如果一位经理先对下属说"我理解你的感受，如果我是你，肯定也会这样想的"，然后再说"让我解释一下公司为什么会做这样的决定"。由于先肯定了他们的感受，你就是他们的朋友了，他们就更愿意听你的解释。

5. 留心对方的肢体语言。紧握的双拳、颤抖的双手、闪烁的泪光、紧蹙的眉头、漂移不定的眼神……这些都会说明，这个人的情绪如何。有时，人们嘴里说的话，和身体语言所表达的真实想法不完全一样。因此，我们在倾听的过程中，要和对方核实，确保自己能理解对方真实想法和感受。

6. 不要插话。研究表明，一般人能够安静聆听的时间只有17秒，然后就想插话、给建议。全神贯注倾听，意味着在听的时候，克制自己，不辩护、不反驳，不固执己见坚持自己的立场：我的目标是明白你的想法和

感受，不是为自己辩护、改变你，我想理解你。相互
理解能建造积极关系，而辩解会创造敌人。

我们的意思并不是让你闭口不提自己的观点和感受。但如果
你谈话的目的是想要通过精心时刻对员工表达赞赏，第一优先是
理解他们的想法和感受。当你正确聆听了，就可以分享自己的观
点。希望在你好好聆听的示范作用下，他们也能好好聆听。当双
方都能设身处地聆听对方时，以精心时刻为主要赞赏语的员工，
就会感受到被鼓励和赏识。

桑德拉是一名销售经理助理，对我们说："我知道拉斐尔很
忙，几乎一刻都停不下来。但他只要每星期能抽出15分钟认真和
我谈谈，情况就会很不一样。"桑德拉渴求能有高质量对话。否
则，她就感觉很不被重视。

精心时刻的第二种方式是共同的经历。对于有些员工来说，
和同事有共同的经历，是保持感情连接和得到鼓励的重要方式。
对于这些员工来说，一起去外地开会、出去吃饭、参加共同感兴
趣的运动等，是建立团队的重要因素。他们也许不喜欢"坐下来
说话"，但是，当上司或同事邀请他们参加活动时，他们会觉得
自己很受赏识。

西尔维·哈切尔是北卡罗来纳州立大学女篮队的教练。她
认为自己执教的篮球队能成功，要归功于赞赏的五种语言："如
果我知道哪个姑娘的赞赏语是肯定的言辞，就会千方百计地鼓励
她；如果谁的赞赏语是精心时刻，我会在周末邀请她来我家，一
起洗车。这让我们互相更亲密更信任，她也会觉得我很欣赏她。
姑娘们有了这样的感受，在球场上的表现别提有多好了。"

对共同经历的渴望，是组织周末培训或员工外出旅行的基础。我们的调查表明，那些以精心时刻为主要赞赏语的男性，通常更喜欢共同的经历而不是长时间谈话。他们喜欢一起打高尔夫球、打猎、钓鱼或做慈善工作，借此增进彼此关系。他们一边玩一边聊，但重要的是，他们是和同事在一起。

精心时刻的第三种方式是小组对话。有些人不喜欢和主管单独谈话，但若在小组讨论时被问及，他们就不会有太大压力，愿意畅谈自己的观点。如果主管认真聆听，并且感谢他们的坦诚，他们就会觉得很满足。

里克·里德是一家航天仪器制造公司的总裁。他说："我有300名员工。每隔3个月，我就会组织一个小型意见听取会，让员工们畅所欲言，说说公司有哪些方面应该改进。我们有些重要改进措施，就来自这个意见听取会。我希望员工们知道，我很看重他们的想法和意见。"在这个时候，领导人不推销自己的观点，而专注于倾听员工的想法，以此来表达对员工的重视。对于那些以精心时刻为主要赞赏语的员工来说，这种方式真是意义非凡。

精心时刻的第四种方式是近距离合作。我们发现，这种赞赏方式在志愿者组织中非常有效。据调查，志愿者的工作满意度受两个因素影响：第一，他们相信自己所做的事情，能带来不同；第二，其他人认可并重视他们的贡献。要想实现以上两点，他们必须要和其他人近距离合作。

2010年，海地发生里氏7级大地震，需要大量志愿者为灾民包装救灾食品。在包装过程中，有一位志愿者感慨道："这真是太好了，我不仅可以帮助受灾民众，还能和这么多人一起工作。

我太喜欢这种团队合作了。"这名志愿者服务的时间比其他人都长。设想一下，如果让他独自一人在工厂的仓库里打包食品，相信他不会做那么长时间。由此可见，和别人近距离合作，让他觉得自己的工作更有价值。

2010年，罗德岛的沃维克遭遇罕见大洪水。我（盖瑞）在水灾发生后的第二周到达灾区。在救灾工作期间，我和几名志愿者一起吃午饭。他们负责从被洪水淹没的住房里往外拖地毯和石棉水泥板。他们每天汗流浃背，又脏又累，但个个干劲十足，觉得大家一起救助灾民很有意义。

在企业里，人们常提到团队合作，但团队之间并没有近距离合作。每个人或每个小组负责某个项目的某个部分，大家还是各做各的，彼此很少有互动。虽然这种方式效率最高，但无法满足希望通过"精心时刻"获得赞赏的员工。他们更喜欢和同事近距离合作，既有交谈的机会，又能完成一些有意义的事情，这让他们觉得受赏识。

可供经理、员工应用"精心时刻"的方式和场合有很多。在我们为企业和机构提供咨询的过程中，收集了一些人们喜欢的与上司或同事共度"精心时刻"的方式。以下是几个具体例子：

· 一起吃午餐，顺便聊聊工作。
· 一起吃午餐，不谈工作。
· 经过我的办公室的时候，走进来坐下，询问工作进展。
· 午餐休息的时候，一起出去散步。
· 下班以后，大家一起喝杯东西，聊聊天。
· 组织户外活动。
· 一起观看体育比赛。

·和我们的家人一起共进晚餐。

·偶尔打电话给我，聊聊天。

除了这些，还有很多共度精心时刻的方式。如果人们的主要赞赏语是精心时刻，他们会因此而干劲十足；缺乏这些，他们就会泄气不满。当你花时间说出这种赞赏语，人们将会充满动力地工作，而不是被动地应付差事。

重要的变数：对象和场合

在给企业提供咨询的过程中，我们从一些普通员工得到了一个重要反馈——对于精心时刻，员工对上司和同事的要求有显著不同。一位公司职员说："对我来说，'精心时刻'这个问题还是挺复杂的，这要看是和主管还是同事一起。尽管我觉得主管人不错，也很喜欢他，但有些事我只愿意和同事一起做，主管在场气氛就很怪。"这一点，许多员工都有同感。

我们把这个观点引入到我们的"赞赏激励方式测评"里，请人们说明某项精心时刻喜欢和同事或和主管一起度过，还是二者均可。这样一来，我们相信这份测评就更有价值了。

当我们和一些制造业的主管探讨测评结果时，又引发了另一个重要话题：什么时间说这种赞赏语好呢？一名四十多岁、性格直率的中层经理告诉我们："精心时刻很可能是我的主要赞赏语，我喜欢和朋友们在一起。但是，我的时间非常紧张。我有妻子和3个孩子，他们是第一位的。虽然我喜欢和同事一起看比赛，但家庭责任对我是第一位的。如果让我和同事在一起，那只能是在平常的工作日。"菲利的话引起了热烈的讨论，主要的话题是如何在工作日（包括上班前后的短暂时间）和同事共度精心时刻。

错位："我不是在这儿吗？"

有些时候，我们所有人做事都会敷衍了事，即便是和同事在一起，也同样如此。

这个场景并不罕见：很多公司的传统是，若有哪位员工升职或调到另一个部门，大家就出去吃一顿，表示庆贺。每个人都会参加，但不是所有人的心都在。他们要么迟到，要么和别人没有互动，或对餐厅挑刺，一脸的不情愿。其他人忍不住想："谁强迫你来了？真扫兴。"

和别人共度精心时刻，要求你要有积极的态度。如果你牢骚满腹，只是出于义务而参加，传递给对方的信号就不是"你很重要"，而是"在这里真浪费我的时间"。另外，还有人和同事在一起时，总是不停看表、接电话、发短信。这样只会让对方认为你不尊重、不重视他。要想表达对别人的赞赏，首先要真诚。

努力工作，尽情玩乐

达林·伍斯特工作很卖力。他不论做什么，都全力以赴。他愿意一个人单独工作，也可以和团队合作，或领导一个小组、分派工作以便完成任务。达林工作时投入，玩的时候也很投入。休息的时候，他从不闲着，不是和同事说笑，就是去做运动（长跑和骑自行车），他的爱好还真不少。

完成一项工作之后，达林最喜欢的放松方式就是和

同事一起做点事情。如果主管、经理和同事都能参加的
话，那他再开心不过了。他喜欢去看足球比赛、篮球比
赛、在电视上看橄榄球比赛，要不就去钓鱼或打猎。他
喜欢户外活动，不论做什么，都喜欢和大家一起。

　　达林尤其在意别人是否邀请他参加活动。如果老板
和同事邀请他周末打高尔夫球、烧烤或跑步，他就觉得
自己很受重视、被人认可。对达林来说，精心时刻是他
的主要赞赏语。

总之，和人们共度精心时刻的方法多种多样，而且会产生很
大的效果。对于那些以精心时刻为主要赞赏语的员工来说，你的
投资绝对会有高回报。这是你在一个人生命中做出的最好投资。

开始应用

1. 你觉得和主管共度精心时刻重要吗？和同事呢？请用0～10分
   来评价其重要程度。

2. 如果主管很想知道你的观点，你感觉如何？

3. 大家闲聊的时候，你关心同事的兴趣爱好吗？你希望同事也
   关心你的爱好吗？

4. 你上星期是否和同事有过"高质量谈话"？谈话之后你的感
   受如何？

5. 你喜欢和主管一对一沟通，还是进行小组对话？你的同事呢？

6. 如果你还没有做过"赞赏激励方式测评"，希望你这个星期
   做一下。

7. 建议你部门的人都来做这个测评，然后大家一起讨论测评的
   结果。

第 **5** 章

赞赏语言之三：服务的行为

　　玛格丽特·哈特曼是那种做事雷厉风行的人——你肯定希望你的团队里有这样的人。她精力充沛，做事卖力，效率极高。她带领一个团队，能充分调动成员的工作积极性，让每个人都干劲十足。

　　玛格丽特努力工作并不是为了得到表扬或认可，而是她生就一副热心肠，喜欢工作，喜欢看到事情顺利完成。所以，表扬或额外地肯定她取得的成绩，并不是她的动力。

　　真正能激励她的做法是，在她忙得不可开交时帮助一把。她不擅长电脑操作，如果有人肯帮助她解决电脑上的难题，她会感到被肯定。另外，玛格丽特身材矮小，要是有同事帮助她拿高处的东西，她也特别受鼓励。她常常身兼数职，忙得团团转，最让她感动的就是有人能问一句："麦琪，需要帮忙吗？"

　　玛格丽特也有忙不过来，觉得压力很大的时候，这时，如果主管亲自来帮忙或派人来帮助她一把，她会觉得备受鼓励。让她感觉最好的是，别人不等她要求就主动来帮忙。由此，我们可以看出，玛格丽特的主要赞赏语是"服务的行为"。别人来帮助她，能让她感到被赏识。

　　对于玛格丽特这样的人，帮助她就是关心她。他们的观点是："不要只说你关心我，用行动证明给我看。"他们认为，行动比语言更响亮。他们往往对表扬和礼物不屑一顾，想："在我需要的时候搭把手，比什么都强。"

如今，很多人热衷于参加社会服务，却想不起来在工作中服务他人。部分原因是，很多公司都要求员工各负其责，每个人都有明确的岗位职责、任务和责任。我们也同意，每一个人都需要承担自己的责任，但如果企业想取得更大的成绩，就需要团队成员相互帮助、相互扶持。

如果我们只是追求自己往前走，达到自己的目的，不管对别人的影响，会在团队内部形成紧张感，抑制团队的成长。真正的领导力需要有一颗愿意服务他人的心，不论是服务客户还是服务同事。当某个人马不停蹄地工作却还是赶不上进度时，其他同事和主管能主动提供帮助，不仅会极大地鼓励这名员工，还会鼓励其他员工。

在我（保罗）曾经任职的公司，有一次要举办一个大型产品发布会，这个项目需要好多人共同参与，包括财务顾问、设计人员、文案写作员、技术人员、计算机工程师及行政助理。产品发布会上不但要播放幻灯片，还要分发大量的打印文件，每份文件都要用活页夹装订好。由于时间非常紧迫，发布会前一天，所有团队成员，包括公司总裁，全都留下来加班。这是一次非常成功的团队建设经历，每个人都为集体牺牲了自己的利益。任务完成后，大家都有一种深深的满足感。（当然，我们不希望类似的事情再发生，就调整了工作流程。）

如何有效服务

主动向同事提供帮助，是一种表达赞赏的好方式，尤其对那些以服务行为为主要赞赏语的人。然而，在提供帮助的时候，我们需要注意方式方法，才能让你的帮助更有效。以下有几点建议：

帮助别人之前，先完成自己的责任。有些人太喜欢帮助别人，以至于常常"擅自离岗"——放下自己该做的事情。这种做法和小学生只顾帮助同学完成作业，自己却没完成作业一样，虽然这种行为很高尚，但这个学生自己可能毕不了业。

很多项目通常有多个环节密切关联，一个环节完不成，整个项目都会受影响。因此，这种"盲目的好心"很可能会被视为逃避责任。只有完成本职任务后，放弃自己的休息时间，去帮助其他人，才是真正服务的行为。

帮助别人之前，要先征得对方同意。这一点非常重要。即便你知道对方的主要赞赏语是服务行为，也要先询问对方是否需要帮助。如果直接冲上去帮忙，而对方正好不需要，你的做法不但不是赞语，反而会让你们的关系紧张。

一位员工曾经说："一般来说，我非常感谢同事的帮助，但是有些事情，我还是更喜欢自己做。所以，如果有人想来帮助我，我非常希望他们能先问一声'你需要帮助吗？'这时，我会诚实地说出自己的想法。"如果你希望自己做的能被视为一个欣赏的表达，最好提前问一下。

要主动服务。如果你希望自己的服务行为能鼓励同事，要在对方需要的时候主动伸手。等着领导指令再帮助，就不是赞赏，而是完成任务了。如果主管希望某个人提供服务来帮助团队完成任务，最好不要强硬指令，而是提出建议，这样做效果会更好。

主管可以说："安妮塔，你愿不愿意帮帮玛丽？她手上这件事今天就要完成，我担心她一个人做不完。"

安妮塔可能说"当然可以啦"，也可能说"如果你需要我就去；但是上次帮助她的时候，我觉得她在利用我"。

即便这样，主管仍有选择余地，可以继续要求安妮塔帮忙，也可以退一步说："谢谢你告诉我这些，我问问其他人吧。"通过这种方式，主管对安妮塔和玛丽之间微妙的关系也有了更多了解。想通过提供服务行为来表达对员工的赏识，它必须是主动的。

审视自己的态度。有一句谚语说：以愉快的态度做事情，就如甘霖降在沙漠。这句话反过来也很有道理：以消极态度做事，就像龙卷风吹过沙漠。当你为别人提供帮助的时候，如果心不甘情不愿，就很难给别人带来鼓励。大部分人宁肯自己做，也不愿看别人的脸色。所以，要带着愉快的心情去帮助别人。

如果你帮助别人，按对方的方式去做。完美型的人通常不喜欢接受别人的帮助，总觉得别人达不到自己的要求。我们提供帮助的时候，先要问清楚对方希望我们如何做。如果你想让自己的努力被欣赏，就要愿意按照对方的要求去做，以便让他觉得事情做得正确。在开始帮助之前，最好先问问："你希望我怎么做？"

有一群行政助理向我们反复强调过这一点。不论是校长助理、保险经纪人助理，还是总经理助理，当听到我们说要按照对方的方式提供帮助时，反应非常强烈——大喊"对了，就是这个意思！"很多助理都向我们强调说："如果他们不按照我的要求来做，我情愿自己做。"

有始有终。对那些重视服务行为的人来说，最让他们不悦的做法，就是做事情有始无终。如果你打算帮助他人，一定要把事情做完。我（盖瑞）就遇到类似的事情。一天，一位同工自告奋勇来帮助我整理我的藏书。我真是求之不得，心想："这下可好了，我再也不用为找不到书而烦心了。"但我高兴的时间不长，这位同工做了一半就说她还有别的事情要做，不能继续帮助我整理了。至今，我还为找不到我想要的书而头疼。

这个原则也有例外。你可以在提供帮助前，先和对方沟通一下时间安排。例如，你可以说："这个星期五下午我有两个小时的空闲，可以帮助你整理库房。我不知道能否全部整理完，但如果你愿意，我至少可以先动手做点什么。"如果对方能接受你在时间上的考虑，就会认可你这种帮助是真诚的。

克里斯蒂是一家电子元件公司的主管。在一次赞赏式激励培训上，她给大家讲了一个非常典型的例子，让我们看到什么是雪中送炭。事情发生时，克里斯蒂在电话里对供货商说，事情堆积如山，实在没办法在当天下班前处理那么多订单。当她挂上电话，一位同事对她说："我刚才碰巧听到你说的，知道你忙不过来。能帮你做点什么吗？我可以在午餐时候过来。"她们利用午餐时间，处理了很多订单。克里斯蒂说："她在另一个部门工作，完全可以不管此事。她这样做真是让我感动。"

办公、生产线和其他场合

为同事提供帮助很好，但是要分场合，不同场合要用不同的方式。譬如说，在医务室、食品仓库和传统的办公室，帮助的方式都会有所不同。另外，提供帮助时还要分对象，不同职位的人需要的帮助也不尽相同。向行政助理、部门领导和与自己职责相同的同事提供帮助，形式上都是不同的。

在制造业和流水线旁边，用服务行为向同事表达赞赏，有一定难度。在与车间主管一同工作时我们发现，在生产过程中决定是否要帮助某位工作进度落后的员工，让人左右为难。一方面，车间主管不应当总是去帮助那些承担不了自己责任的员工；另一方面，在生产过程中的确存在一些瓶颈，某些工序比其他工序耗费时间更多。这个时候，车间主管需要做的是辨认出哪些是瓶颈，在进度慢下来的时候，重新分配资源（人工、设备和物资）。主管这样做时，不仅为员工提供了帮助，还体现良好的管理水平。

我们观察到，车间主管看到负责某个工序的人速度跟不上时，他们大多赶快跑过去帮忙，帮助工人尽快赶上来，使他们不至于崩溃。如果主管能边帮忙边说一句"你做得很不错，尽了最大的努力，我会尽快处理这个问题，让生产流程更顺畅"，员工会得到极大的鼓励。

如何帮助：员工的建议

在我们为公司和机构咨询服务的过程中，众多员工和管理者为我们提供了一些具体方式的建议，有助于更好地表示赞赏和鼓励：

- 下班后留下来，跟我一起做，帮助我完成工作
- 帮助我处理杂事，让我能专心完成主要的工作
- 主动帮助我做一些我不喜欢的事情
- 维护我的计算机，让它更有效工作
- 下班时帮助我一起清洁设备
- 长时间工作时候，帮助我们弄点吃的
- 派更多助理来帮助我整理、归档文件

如果你知道某位同事的主要赞赏语是服务行为，怎样知道用什么方式帮助他更好？很简单，你只要问："看你这么忙，我能帮助你做点什么呢？"他的回答可能出乎你意料，但这样你就知道如何有效表达对他的赞赏了。

错位：令人不悦的帮助

我们前面提到过，勉为其难地提供帮助毫无意义。如果接受帮助的人感觉到你并很不情愿，不但不会被鼓励，反而会很受挫。

其实，人们看重服务的行为，不仅是因为这解了自己的"燃眉之急"，还是因为看到有人心甘情愿地为了帮助我们而牺牲自己。所以，在为同事提供帮助之前，首先要注意自己的态度，不要给人压力，也不要勉为其难。服务的行为源自真诚的付出。

吉姆·约翰逊：行动中的欣赏

吉姆相貌平平，为人低调，很容易被埋没在人群中。但是他并没有让自己就这样被埋没。他是一家非营利机构的志愿者。在那里，他既不是领导者，也不是最高调的人，但每个周六上午，他总是第一个到达，为无家可归的人准备早饭。如果赶上下雪，他还会提前来把雪铲干净。他总是心甘情愿地做那些花时间、费力气、其他人不爱做的事情。饭后，他还经常主动刷锅洗碗、打扫饭厅，开车去取食品。

吉姆做这些事从来都不求表扬。他生活简朴，对物质看得很淡，不喜欢大家一起出去吃饭或搞活动。他就是喜欢一个人工作。如果谁没话找话地和他聊天，他会感到很不舒服。

但是，如果其他协调员能在周六早晨和他一起做早餐、端盘子，然后一起洗涮，即便没怎么交谈，吉姆也知道自己被重视、被认可。他不想听别人说"谢谢"，但是希望看到别人用行动表达对他的谢意。由此可见，吉姆的主要赞赏语是"服务的行为"。

通过提供帮助来表明你的赞赏和认可，这种方式比较低调但很有效。对于以这种方式为主要赞赏语的人来说，他们得到帮助后，会觉得干劲十足。一个人的需要得到满足后，工作效率会更高，更愿把自己的才能贡献给公司。

开始应用

1. 服务的行为对你来说重要吗？请用0~10分来评价其对你的重要程度。

2. 上星期有人为你提供帮助吗？你感觉如何？

3. 上星期你是否给同事提供过什么帮助？对方感觉如何？

4. 如果你是主管，问下属这样一个问题："我为你做点什么，能让你感觉轻松一点？"如果你能按照对方的要求去做，为什么不做呢？

5. 问同事同样的问题。

6. 员工们相互帮助，可以营造愉快的工作氛围。这个星期，寻找机会帮助一位同事。

第 ⑥ 章

赞赏语言之四：称心的礼物

约翰是一家体育用品公司的生产厂长，主要生产头盔、护膝、护肩以及冰球和曲棍球护具等。约翰喜欢这份工作，已经在这家企业任职多年。开始的时候，他只是一名技术员，后来升任车间主任、部门主管，直到厂长。

约翰担任厂长已有5年，深得这家家族企业老板的赏识。他待遇很好，工作很舒心。工厂运行顺利的时候，老板还时不时和他击掌相庆，这让他感觉很得赏识。

最让约翰感觉受用的是，一年有那么两三回，老板会给他几张橄榄球赛门票。他会得到芝加哥白袜队和芝加哥公牛队或者西北大学橄榄球赛的门票。他在俄亥俄州长大，尤其喜欢在那里看西北大学的主场比赛。

对于一位家族企业老板来说，给员工发几张球赛门票算不得什么。但这几张票对约翰意义重大。他可以带着儿子去看比赛，也可以邀请朋友们同去。再加上老板并不经常把好票给家族以外的人，所以，约翰就更觉得珍惜。显然，约翰的主要赞赏语是"称心的礼物"。

礼物的力量

对于喜欢接受礼物的人来说，一份称心如意的礼物能产生强大的力量，它不仅仅是一份礼物，更是一份感谢、赏识以及鼓励。对于不喜欢礼物的人来说，则起不了什么作用。要是送错了礼，还会招致反感。给正确的人送正确的东西，这的确难把握，因此，到了圣诞节、周年庆或生日，很多经理不再给员工赠送礼物。然而，这种一刀切的做法让许多喜欢接受礼物的员工感到很失落。

朱莉负责管理一家口腔门诊。关于赞赏的语言，她是这样说的："口头表扬还不错；精心时刻可有可无，除了和几个要好的人在一起；我也不喜欢别人帮助我。但我非常喜欢有人送给我餐券或电影票，这让我觉得很特别。"

当我们给大家介绍"称心的礼物"这一表达赞赏的概念时，很多人眼睛一亮，纷纷说道："好啊，给我们发点奖金吧！"但我们谈的不是钱的问题。虽然很多人喜欢加薪、发奖金，但在大多数场合，这种想法并不现实。

一般来说，加薪和奖金通常和员工的岗位职责以及绩效挂钩，对于那些工作年限长的老员工，若是年年加薪，企业也负担不起。如今经济不景气，大多数员工并不指望涨多少工资；能有一份工作，他们就很感恩了。但他们仍然需要得到赏识。另外，对于非营利机构的人员来说，例如教会同工和志愿者，通过金钱来表达对他们的感谢也不合适。譬如说，某位志愿者利用周末给无家可归者分饭，工作结束时，你送给他一张感谢卡并附上20美元，这会让他觉得很奇怪。这时，赠送礼物就不失为表达谢意的好办法了。

礼物：送给谁，送什么

要想让礼物起到鼓励的作用，要注意两个关键点：

第一，只给那些喜欢礼物的人送礼物。如果一个人对礼物不在意的话，你最好还是用他欣赏的主要赞赏语来表达对他的赞赏。人与人不同，有些人格外看重礼物，也有人对此不屑一顾。这里我们想再次强调：如果你想让人们感到被赏识，就要说他们的主要赞赏语。即使是赠送礼物，你也要注意，赠送的礼物要让他们觉得有意义。

例如圣诞节时，你给所有员工买礼物，人手一份。有人非常高兴，有人反映平平，有些人甚至觉得礼物没用，扭头就给了别人。看到这一幕，你肯定觉得自己简直是在浪费时间和金钱。最好的办法是，送礼之前先了解一下，哪些人的主要或第二赞赏语是"称心的礼物"，然后再为他们选择合适的礼物。

第二，选择让对方觉得有价值的礼物。如果你送给某位男士两张芭蕾舞票，他不会觉得温暖又舒心。同样，单单想一想在寒冷的周日下午坐在球场上看职业橄榄球赛，女士们就会觉得浑身发冷。如果你把芭蕾舞演出门票给某位喜欢芭蕾舞的员工，这会让他们难以忘怀。橄榄球票也是同样道理。如果你是管理者，可能会说："这难度也太大了，我可不想把时间浪费在送礼上。干脆什么都不送。"这种想法可以理解，但这种一刀切的处理方式，会让很多喜欢礼物的人感觉不到被欣赏。

鉴于赠送礼物因人而异，难度比较大，我们设计了一份"行为测评"附在"赞赏激励方式测评"后面。尽管了解哪些员工的主要或第二赞赏语是接受礼物很有帮助，但对有些人来说，选择礼物也是一件让人左右为难的事情。但主管知道员工喜欢什么礼物后，就更能知道如何向他们表达赞赏了。我们发现，当主管了解员工的所需所想，会很乐意花时间精力、花钱为员工买礼物。
"行为测评"正好为大家省去了很多猜测。

不只是一个咖啡杯

那些不懂得赠送礼物技巧精神的人，送礼物经常送不到人们
的心坎上。赠送礼物的关键不在于礼物，而在于通过礼物传递的
心意，让对方看到我们花费了时间和精力，以此表达对他们的重
视和赏识。在选择礼物前，要多想一想："这个人喜欢什么？他
的兴趣是什么？什么东西让他觉得自己很特别、被重视？"

反过来，为了应付节日习俗或某种义务，敷衍了事、匆匆购
买的礼物，不但达不到预期的效果，甚至还会传递一些负面的信
息。这样的礼物会让对方觉得你只是应付差事，达不到赞赏的效
果，对改善关系没有任何帮助。很多公司给客户赠送印有公司信
息的咖啡杯、台历、钢笔等礼物。这些东西作为宣传品很好，但
起不到赞赏对方的效果。如果你想让某个客户觉得你重视他，最
好选择一些让他觉得有意义的礼物。这样选择礼物是不是很费时
间和精力？当然是。想了解客户对哪些东西感兴趣，最好的方式
是做一个简单的调查，问客户以下问题：

- 你最喜欢哪位音乐家？
- 你最喜欢哪本杂志？
- 休息的时候，你喜欢做什么？
- 你最喜欢哪支球队？
- 你最喜欢哪家餐馆？
- 你最喜欢参加哪些活动？

掌握这些信息以后，就比较容易选到让客户欣赏的礼物了。

说到给同事送称心的礼物以表达对他们的赞赏，很重要的一点是，礼物可以不是"一件物品"。事实上，很多人喜欢的礼物是"一个经历"，例如：

- 体育比赛的门票（篮球、棒球、冰球、橄榄球）
- 餐厅餐券
- 娱乐活动的门票（电影票、展会门票、音乐会门票）
- 赠送假期、酒店住宿（例如安排去一家酒店度周末）
- 美容院、美甲店的赠票，高尔夫球俱乐部的免费练习券
- 商场购物卡
- 家用电器或体育用品的礼品卡

这些小礼物在员工中很流行（参考本书附录部分"无需花钱买的礼物"，你会找到更多好建议）。

经理和主管的另一个难题是，他们很难抽时间去买礼品卡和优惠券。虽然很多东西都可以在网上订购，但毕竟有些人在工作时不方便上网。坦白地说，很多主管甚至也没有经济能力，给每个下属买二三十美元的礼物。

在一家工厂，我们和管理者们一起研究如何解决这个问题。管理层愿意支持车间主管，给流水线工人买礼物来感谢和鼓励他们。他们同意拨出一笔专款（500美元），并请人事经理帮助车间主管，了解工人喜欢哪类礼品或活动。然后，人事经理负责采购，车间主管负责分发。车间主管还要负责手写 张感谢卡，并亲自将卡片和礼品一同交到员工手上。这样，这份礼物就比较个人化，显示出送礼人的良苦用心。主管们非常感谢企业的实际帮

助，工人们也为因得到称心的礼物而备受鼓舞。

另类礼物：放假

很多人问我们："给员工放假算不算是一种赞赏语呢？这一条能归到'赞赏式激励'模式里面吗？"问这类问题通常是年轻人。这个群体非常重视自己的自由时间。

在跟年轻人和他们的老板、经理讨论时，我们发现，放假似乎可以归到员工福利里，但这的确算是一个礼物。员工完成一个大项目之后，如果有幸能早一点下班，或者放几天假，应该算得上是非常得人心的礼物。

玛丽亚：没时间购物

玛丽亚喜欢逛街购物。但遗憾的是，她要供两个孩子上大学，需要节省开支。她是一家金融服务公司客服部的经理，工作忙碌，很难抽出时间。对她而言，逛街是一种奢侈的享受。

主管杰曼发现玛丽亚重视称心的礼物，却没有时间逛街购物，于是决定给她一天带薪休假，并给她一张价值50美元的购物券，让她去购物。可以想象，这就像是喜欢甜食的孩子进去冰激凌店，父母对他说"喜欢吃什么都可以"一样，玛丽亚兴奋极了。她安排好购物的日子后，迫不及待地等着那一天的到来。购物回来后，她连续几个礼拜都沉浸在美好的感觉中。在她心目中，杰曼是最好的领导人。所以，她越发投入工作，工作效率很高。

对那些看重礼物的人来说，礼物的力量就是这么大。当你投其所好，送给他们称心的礼物，他们会觉得很受鼓励，工作起来也干劲十足。

同事之间的礼物

这一章的大部分内容都是关于上司给下属送礼物，其实，同事间互赠礼物也同样重要。如果你知道哪位同事的赞赏语是"称心的礼物"，并且选择了一份让他觉得有价值的礼物，你们就会建立起友情，这种友情反过来也会改善工作氛围。工作中这种事情不少见，有时甚至几位同事凑钱给某位同事买他（她）心仪的礼物。这样看来，员工在做"赞赏激励方式测评"及"行为测评"后一起互相讨论，也是很重要的。这样，人们就能更了解同事喜欢什么礼物，也知道哪些人不在乎礼物。我们相信，通过这种方式，员工们会用真诚而有意义的方式来营造充满赞赏的工作氛围。

开始应用

1. 你喜欢别人送你礼物吗？用0~10分来评价你有多喜欢。

2. 如果你的评分高于7，请讲一讲你喜欢什么礼物？

3. 过去一年，你的同事或主管送过你什么礼物？你当时的感觉如何？

4. 过去一年，你给同事送过什么礼物？对方的反应如何？

5. 你有特别想感谢的同事吗？如果有，你可以问问对方："如果我想送一件礼物感谢你，你想要什么呢？"除了直接问，还可以平常多留心听他们的讲话。若他们不经意地说："这个真不错，我也想要一个。"一定要记下来，作为参考。

第 7 章

赞赏语言之五：身体接触

如果你做过赞赏激励方式测评，可能会发现，其中并没有包括第五种赞赏的语言——身体接触。我们这样设计，是有理由的。当我们调查如何帮助大家在工作关系中应用"爱的语言"时，尽管知道很难将"接触语言"恰当运用在工作场合中，但还是决定采纳全部五种语言。

当我们开始为"赞赏式激励"设计测评题目时，第一步就是先收集用适当的身体接触方式表达赞赏的例子；然后，再根据这些实例来设计问卷题目。

起初我们觉得，找到在我们的文化中可以接受的、不会让人产生非分之想的身体接触的问卷题目，并不难。然而，随着项目的推进，我们发现这些实例的数量实在太少，而且缺少变化。

后来，我们尝试设想一些符合文化习惯、同时又适合在工作场合使用的接触方式，其中包括：

- 别人用力和我握手，以此来表达对我工作的认可，我会觉得被重视。
- 我工作完成得好，别人和我击掌庆祝时，我会觉得自己得到了赞赏。
- 工作上遇到难题时，如果某个同事轻拍我的后背，我

　　会感觉更有力量去坚持。

- 当同事站在我身边，把手搭在我的肩膀上，表扬我时，我会觉得自己被赞赏。
- 个人悲剧发生的时候，如果有同事拥抱我，我会很感动。

　　用身体接触表达赞赏的方式，并不止以上几种。但是，某种方法是否合宜，很大程度上要看不同的人、不同工作环境，以及不同公司的文化氛围。某些人喜欢的方式，会让另一些人感到不舒服。因此，我们面临的最大挑战，是在工作场合中，找到最得体的身体接触方式。

　　身体接触是生活中一件很正常的事情。我（保罗）最近和一位朋友谈到这个问题。他说："难归难，但你不能弃之不用。今天上午，我离开公司的时候，助理刚刚完成了一个非常耗费精力的项目。我随意地把手举起来，和她击掌庆祝。我们都笑了，然后就各干各的了。"

　　但是，身体接触在工作场合也会引起麻烦。当我们用问卷进行现场调查的时候，经理、主管和员工们反复表示他们在这方面有顾虑。他们的观点是："我完全明白'接触语'的价值，但仍然觉得紧张。""我在一些工作场合看到过所谓的'接触'，觉得这种做法会让其他人觉得不舒服。"

　　另一次问卷调查的结果显示，在工作场合中，没有一个人的主要赞赏语是"身体接触"。与前面所说的四种赞赏语相比，身体接触显然在工作场合中最不受重视。

　　根据这些情况，我们决定在"赞赏激励方式测评"以及为企业提供的咨询中，只针对前四种赞赏的语言进行测评和咨询。

工作场合需要身体接触吗?

我们在企业试行"赞赏式激励"后,得到了大家的一致支持。也有不少人问道:"在工作场合真的不需要身体接触吗?"提出这类问题的,大多是那些在个人关系中很看重身体接触的人。

在工作关系中,正常的身体接触还是有一定作用的。我(盖瑞)的大学专业是人类文化学,我发现,在每一种文化中,异性之间和同性之间的身体接触,都有正当与不正当之分。

正当的身体接触是人类行为的基础。在儿童成长的研究领域,不同的研究都得出了相同的结论:从小得到足够拥抱、抚摸的孩子,比那些长时间放在床上没人抱的孩子,长大以后的情感生活更健康。在老年人中也发现有同样的现象。我们在访问养老院时发现,经常得到身体接触的老人,精神面貌和活动能力比那些得不到接触的老人要好。温柔、肯定的身体接触,是爱和赞赏的基本语言。

工作场合中的成年人也表示,肯定的、不涉及性的接触可以有效地表达对同事的赞赏。一个单身的年轻员工说:"人们见了不认识的小孩或小狗,会毫不犹豫地上前去抱抱、拍拍,可我这个大活人坐在那里,却从来没人过来碰我,真是太奇怪了。我猜是人们害怕引起误会,所以不愿意让人知道自己需要身体接触,结果就一个人孤零零坐在那里。"显然,她说的不是性方面的接触,而是一种情感需要。身体接触能肯定一个人的价值,给予对方极大的鼓励。

方式不同，作用不同

某种接触方式让你感觉被肯定，未必让另一个人有同感。因此，我们必须观察对方的反应，看这种方式对他是否有效。如果你把手搭在某位同事的肩膀上，他立刻身体僵硬，你就可以知道不能用这种方式来表示赞赏。当一个人抗拒和你有身体接触，可能是因为跟你有隔阂。例如，在我们的社会，握手是一种社交礼节，表示开放和热情。若某个男人拒绝和另一个人握手，他们的关系肯定出了问题。当你把手搭在同事的手臂上，夸奖他，对方若是说："谢谢，我真的很受鼓励。"你就知道，对方很接受你这种做法。

身体接触还有含蓄和明确之分。含蓄的接触通常是微妙、短暂、不假思索的，诸如在手臂上轻拍一下、简单地握手、击掌等，它们在工作场合很常见。明确的接触则需要提前思考和准备。例如，你一边握住对方的手，一边说："我非常感谢你做的一切，永远也忘不了你为此付出的努力。"这种方式对于重视身体接触的人来说非常有效。一位女性在电脑前工作很长时间后，一位要好的女性朋友过来替她揉揉脖子，她会感觉很好。

如果在你的成长环境中，人们经常有身体接触，你会认为这是一种非常自然的表达方式，还会不自觉地带到工作场合中。对你来说，最重要的是要了解：你这样做时，对方感受如何，觉得受赞赏还是被冒犯？你可以直接问对方："我从小习惯了这种身体上的接触，但并不是每个人都和我一样。我很看重我们的关系，如果我拍你后背冒犯了你，请一定告诉我。"

遇到危机的时候，人们会本能地互相拥抱，因为身体接触能直接传递爱和关心。在危机时刻，我们最需要的就是别人的关心。我们无法阻止事情发生，但是只要有爱、有赞赏，我们就能活下来。不过，即便在这种情况下，在工作场合，最好也先问问对方，是否需要一个拥抱（可以直接询问，也可以伸开双臂示意）。

对于那些不喜欢身体接触、或希望保持个人空间的人，你贸然冲上去拥抱，他们也不会认为你是鼓励和支持他们，即便你感觉对方有这样的需要，也不可以。

身体接触和性

性骚扰现象在西方社会中广受关注，因此，在工作场合中接触异性的方式若不合适，就会很危险。不合宜的接触不仅无法表达赞赏，还会引发更严重的问题。问问任何一家公司的老板、主管、人事经理，你就会发现职场性骚扰是多么严重的问题。很多大中型公司在员工培训的时候，都会强调这个问题。

美国公平就业机会委员会有明确的规定，满足下列一个或多个条件的情况，可被视为性骚扰：

1. 员工为了得到或留住一份工作，忍受明目张胆或暗示的性侵犯。
2. 主管根据员工忍受还是反抗性侵犯，做出人事决定。
3. 用猥琐的行为干扰员工的工作或破坏工作氛围，使员工担心受到性骚扰或感到恐惧。

遗憾的是，以上这些行为并不少见。一项针对2万名政府职员的研究显示，42%的女性职员和15%的男性职员认为，在过去两年中至少遭到过一次性骚扰。有些公司甚至将有意识的碰触也定义为性骚扰。但同时，这种严格的规定也遏制了同事之间正常的、合宜的接触。

在界定性骚扰上，有一个难题是观念问题。人与人不同，对身体接触合宜与否的看法也大不相同。这也导致了很多人对工作场合的身体接触唯恐避之不及。

不得不承认，我们的文化的确高度"性感化"身体接触。各种广告媒体都创造和传播各种极具性诱惑和性回应的接触方式。这真是太遗憾了。很多领域的专业人士都认为，正当的身体接触非常有意义。

身体接触和暴力

西方文化的另一个问题是暴力行为。几乎每个机构里，都或多或少有那么几个曾经饱受伤害和满心愤怒的人，他们没准什么时候就会爆发出破坏性的行为。你常常能在晚间新闻看到此类案例的报道。遗憾的是，很多人从未学会控制自己的怒气，他们经常虐待家人，甚至有时在同事身上发泄。

暴力行为的定义是："出于愤怒而进行拳打脚踢等一系列伤害他人身体的行为。"这种行为的关键是"愤怒"。有些人心里积压怒气，但不知道如何用积极的方式来化解，一旦有人碰到了他们的"按钮"，他们便会用语言及行为来攻击对方。扇耳光、推搡、掐脖子、猛烈拉扯以及推搡撞到其他物体等，都属于暴力行为。显然，这样的身体接触完全没有肯定对方的意思。这种行为一旦爆发，再说什么好话，或给予什么安慰，对彼此的关系都于事无补。一般人很难从这种暴力行为中恢复过来。

出现暴力行为后，真诚的道歉是不够的。施暴者必须寻求专业辅导，学习管理怒气的技巧，努力打破这种破坏性的行为模式。怒气是不会随着时间的流逝而消失的。我们认为，一旦在工作场合发生暴力事件，施暴者应当立即被停职。只有经过正规的心理辅导，他知道自己怒气的来源，并学会以积极的方式处理怒气，才能恢复职务。允许有暴力倾向的人留在公司，任凭暴力行为发生，是将其他员工置于危险当中，是不负责任的行为。

需要注意的是，遭受虐待的人通常会对身体接触很敏感。虽然大多数虐待行为发生在家里或比较亲近的人之间，但不管是在哪里，受过虐待的人都会本能地保护自己并希望有更多的个人空间，与他人的身体接触会迅速引起抗拒。一般来说，主管和同事很难知道团队中有谁遭受过暴力（不论是过去还是现在），因此，关于在工作场合如何与人有合宜的身体接触，我们要格外谨慎。

身体接触的益处

尽管在工作场合的身体接触困难多多，我们还是不能否认这种赞赏语潜在的益处多多，不能弃之不用。正如我们前面提到过的，身体接触对婴儿和儿童的成长意义重大。如果使用得当，这种方式能影响一个人的学习成绩、情感康复以及对他人的接纳。在人际交往中，身体接触可以传递很多积极的信息，包括相互信任、亲密感和关心。身体接触也是表达喜悦和兴奋的方式。

如果方式适当，在工作场合以身体接触来传递赞赏，可以产生积极的影响。通过用力握手表达问候或祝贺，以击掌表达庆祝以及碰碰拳头，都是工作中常用的方式。从事比较文化研究的专家表示，轻拍后背是全世界公认的表达赞赏的方式，商学院最近也开始关注身体接触对人们职场行为方式的影响。我们认为，通过身体接触来表达赞赏有重要意义，希望这样的研究能更多更深入。

你也可以自己开展类似的研究。如果你留心观察，不难发现身体接触在工作中并不少见。那些人缘好的人怎样跟别人相处？某位同事有了好消息，其他人的反应如何？你从中能发现多少次握手、拳头相碰、击掌、拍后背及其他身体接触的方式呢？特别要留心那些不太正式的场合，例如外出聚餐、社交或公司出游，你会发现，充满温暖、支持、积极的身体接触，会给人带来很大的鼓励。

我们虽不认为身体接触是工作场合中表达鼓励和赞赏的基本方式，但也不赞同在工作场合完全杜绝身体接触。我们每天打交道的人中，还是有很多重视正当身体接触的，这种方式能让工作关系变得温暖。

如何知道哪位同事的赞赏语是身体接触呢？观察他们的行为就能略知一二。他们是否经常拍同事的后背、击掌或拥抱？如果是，你基本就可以肯定，用同样的方式对待他们，会让他们很高兴。简而言之，喜欢与人有身体接触的人，也喜欢别人接触自己。另外，如果你发现某位同事从不与人发生身体接触，那么，当别人碰触他时候，他的表现极不自然也就不足为奇了。显然，身体接触不是他的赞赏语。

开始应用

1. 在工作中，你认为哪种身体接触能表达对你的肯定？

2. 哪种接触会让你感觉不舒服？

3. 你的同事中，谁喜欢接触别人？一般来说，喜欢接触别人的人，也喜欢别人接触自己。你如何知道对方的喜好呢？

4. 想想在过去一天里，你接触过谁？对方的反应如何？

5. 如果你常使用身体接触这种赞赏语，是否碰见过不愿被触碰的人？你知道对方不愿意被触碰的原因吗？

6. 如果哪位同事的接触让你感觉不舒服，考虑和对方沟通一下你的感受。这样让对方改变做法最快最直接。

Section Three

第三部分 在日常生活中
应用赞赏语

第 8 章

发现你的主要赞赏语：赞赏激励方式测评

人和动物的区别之一就是，人能用语言交流。语言是人类特有的。语言的另一个要素是非常多样化。我（盖瑞）至今还记得，我曾经坐在语言实验室里，尝试记录一种我从未听过的语言发音。即使我清楚记下了发音，我也不知对方所云。那些发音对我毫无意义，因为我根本不懂它们的含义。

我们从小就学说自己文化的语言。如果你在一种多文化的环境中长大，可能会说几种语言。从父母那里学到的语言是母语，也被称为"心语"。母语是你说得最好、表达最清楚的语言。虽然你可能熟练掌握两三门语言，但你最偏爱的还是母语。

其实，赞赏语也同样如此。在四种基本赞赏语中，每个人都必然有其中一种为主要赞赏语。主要赞赏语对我们的情感影响最深。当听到有人说出这四种赞赏语（肯定言辞、称心礼物、服务行为、精心时刻）时，有些人能迅速辨别出自己的主要赞赏语，但有些人可能从来没有考虑过这些问题，所以一下子还辨别不出来。我们这一章的内容，就是帮助大家学习如何辨别自己的主要赞赏语和第二赞赏语。

赞赏式激励的概念来自于"爱的五种语言"的核心原理，这些基本原理包括：

1. 赞赏和鼓励人的方式多种多样。

2. 每个人都希望得到赞赏和重视，但接受方式各有不同。不同方式对不同人产生的效果也不同。

3. 表达赞赏和鼓励最有效的沟通方式，是对方最看重的方式。

4. 如果用对方不看重的方式表达赞赏和鼓励，很难达到预期效果。

简而言之，每一个人都有主要赞赏语。说这样的语言，对方就会觉得自己被赏识；否则，你的努力可能白费。

要在工作中灵活应用赞赏语，你首先要了解自己的赞赏语。我们设计了这套"赞赏激励方式测评"，目的就是为大家提供一个可靠、有效、容易操作的工具，帮助员工、雇主及主管了解自己的赞赏语。在过去四年里，我们对这个测评进行了反复实践和研究，使之能尽量准确地测出一个人的主要赞赏语和第二赞赏语。这套测评同样可以显示哪种赞赏语对你最没有意义。

"赞赏激励方式测评"由30道选择题组成，罗列了各种表达赞赏的方式。你要从每道题的两个选项中，选出一个最能鼓励自己、让自己感到被赞赏的方式。根据你填写的答案，我们的系统自动分析，帮你得出自己的主要赞赏语和第二赞赏语。

本书的封三印有一个注册代码。你可以用这个注册代码参加我们网上的免费测评，并收到你的测评分析报告。

参加测评指导：

（1）登陆网页：www.mbainventory.com/china网页，输入密码（注册代码）；

（2）根据页面提示，填写自己的姓名、性别和邮箱地址（便于发送分析报告）；

（3）开始测评，针对每一道题给出你的答案。

测评完成之后，你不仅能知道自己的主要赞赏语和第二赞赏语，也会了解你最不重视的表达赞赏的方式。

你还有机会针对自己的主要赞赏语进行"行为测评"。这项测评更加具体，会建议一些说你主要赞赏语的具体方式，如果你的主管和同事们想要赞赏你，你就可以将这些方式告诉他们。

根据参加测评的管理人士的反馈，我们设计了这套"行为测评"。他们认为，要想取得实际、有效的赞赏效果，他们需要更具体的行为方式建议。了解同事的赞赏语固然重要，了解清楚表达其赞赏语的具体方式更加重要，这能让我们有的放矢，免得知道了他们的主要赞赏语，但还要为具体方式而费脑筋。

苏珊的心愿

苏珊在一家非营利机构工作，主要是和都市的年轻人一起工作。她工作努力，为帮助青少年找到成年的生活导师整日奔波忙碌。她先是挑选那些愿意指导年轻人的人，为他们提供相关培训，然后再和需要寻找导师的青少年以及他们的父母面谈。双方建立联系后，她还要帮助双方建立长期、稳定的关系。苏珊的收入不高，但是她工作的主要动力，就是人们当面向她表达赞扬和认可。她喜欢的赞赏方式包括：

- 单亲母亲看到儿子在导师帮助下学习修理汽车，而由
  衷地向她表示感谢。
- 十几岁的女孩第一次与导师见面后，温柔、腼腆地向
  她道谢。
- 主管对她工作的肯定，例如"你在导师项目上做得真
  不错"。

但是，你可千万别把苏珊请上台对她大加表彰，也不要在机构年度筹款大会上，把她树为先进典型、给她颁奖。这些高调的方式只会让她尴尬、难堪。

苏珊的主管怎么知道这些呢？她可能通过平日的观察，也可能只是靠直觉。但是，她也可能对此一无所知。若是她愿意提前对苏珊的喜好有所了解，就最理想不过了。

这正是我们设计"行为测评"的目的，帮助管理人员了解哪种方式最能有效对某位员工表达赞赏。当你通过"赞赏激励方式测评"知道人们的主要赞赏语后，就需要再进一步了解有效表达赞赏语的具体方式。

做完"行为测评"，你会得到一份完整的个人报告，其中包括你的主要赞赏语、第二赞赏语、最不看重的赞赏语，以及表达你主要赞赏语的一些具体的行为方式建议。你可以保存、打印这些报告，或者把它发给你的主管和同事。如果你还没有做过测试，请登录www.mbainventory.com/china网站，回答问题，得到你的个人测评报告。

如果你们团队的所有成员都做了这个测试，就可以一起讨论彼此的赞赏语了。想象一下：当每位同事都能用别人的主要

赞赏语来相互鼓励时，你们的关系该有多大的不同。我们确信，你们每个人互相的感情、对工作的满意度以及团队士气，都会大大改善。

邀请同事测评

我们发现，很多读者都是独自阅读本书。他们的主管、经理和同事可能并不知道本书及这套测评。如果你有心改善工作氛围，我们的第一个建议是，把本书推荐给你的经理或主管，告诉他们你读这本书的收获，并鼓励他们也来读这本书。

相信很多经理读了本书后，都会发现"赞赏激励方式测评"的价值。他们也会鼓励自己的下属参加测评，并组织小组围绕测评结果进行讨论，以此促进有效沟通。这是最理想不过了。

如果你的主管对此毫无兴趣，你可以和要好的同事分享本书，建议他们做测评，以便以后能更有效地互相表达赞赏。用你的热情引发同事的兴趣，借着分享自己的感受，鼓励大家了解和参与测评。引导同事学习有效表达对彼此的赞赏，你不会有任何损失，反而会有很大的收获。

发现同事的赞赏语

要是你的同事对赞赏语毫无兴趣，但你还是希望表达对同事的赞赏，我们有三种非正式的方式，帮助你发现同事的主要赞赏语。

1. 观察他们的行为

如果你经常听到某位同事用肯定言辞鼓励别人，他自己的主要赞赏语可能就是肯定言辞。一般来说，人们希望别人怎样对待自己，就会怎样对待别人。如果他经常和同事握手、轻拍同事的后背或手臂，他很可能也希望别人这样对待自己。如果某个人不管是否逢年过节，经常想到给人送礼物，其主要赞赏语也许是称心礼物。如果他们总是积极主动地邀请别人吃午饭、参加活动，其主要赞赏语可能是精心时刻。如果他们不等别人要求，一看到有什么事情需要做就马上去做，其主要赞赏语可能是服务行为。

值得注意的是，我上面用的词都是"可能"、"也许"。之所用这种不确定的词，主要是因为我们的研究表明，有25%的人，赞赏别人的方式与期望别人赞赏自己的方式不一致，75%的人是一致的，即自己如何赞赏别人，也希望别人如何赞赏自己。

2. 了解他们的要求

如果你经常看到某位同事请求别人帮忙，那么，服务行为很可能是他的主要赞赏语。如果你听到某位同事说"你开会的时候，能顺便帮我拿点免费纪念品回来吗？"他是想让你带个礼物。如果某位同事经常邀约朋友一起逛街、搭伴出差或到自己家吃饭，其主要赞赏语可能是精心时刻。如果你听到谁说："这个行吗？我的报告如何？我做得怎么样？"他可能是想得到肯定言辞。一般来说，人们的要求，常常能体现出他们的主要赞赏语。

3. 倾听他们的抱怨

我们常常能从一个人的抱怨中发现他们的主要赞赏语是什么。布莱德是大学毕业生，刚参加工作6个月。我（盖瑞）问他："工作怎么样？""还行，但是似乎没有人在意我做了什么，而且总觉得我做得不够好。"我知道布莱德知道赞赏的语言，于是问道："你的主要赞赏语是肯定言辞，对吗？"他用力地点点头，说："是的。这就是我工作不开心的原因。"我们从布莱德的抱怨中，不难听出他的主要赞赏语是什么。

如果某位员工总是抱怨同事没有时间和自己在一起，他的赞赏语很可能是精心时刻。如果他抱怨自己只收到一份生日礼物，他的赞赏语就有可能是称心礼物。如果谁整天说没人帮自己，那么服务行为就可能是他的主要赞赏语。

我们的抱怨常常反映出我们情感深处所受的伤害。什么事情伤害你最深，其反面就可能是你的赞赏语。如果你接受到用这种语言说出的赞赏，伤害很可能会烟消云散。

做到以上这些并不是很难，但是需要你有一双善于发现的眼睛和愿意向别人表达赞赏的心。通过观察行为、了解需求、倾听抱怨，你就能知道同事的赞赏语，知道如何更有效地赞赏他们。有了这些信息，你就能更有效地向同事表达赞赏。人们愿意亲近那些欣赏自己的人，喜欢和这些人说知心话。长此以往，你们就会建立起深厚友谊。作为朋友，你们就能一起探讨赞赏式激励概念了。慢慢地，你的榜样就会激发同事开始赞赏和鼓励别人。

开始应用

1. 你知道自己的主要赞赏语吗？你是如何知道的？如果你还不知道，建议你按照本章所说的，做一次"赞赏激励方式测评"。

2. 你知道工作中与你密切合作的同事的赞赏语吗？如果不知道，你认为了解他赞赏语的最好方式是什么呢？

3. 如果你是管理人员，请考虑给下属买这本书，鼓励他们参加测评，然后组织大家一起讨论。

4. 如果你的经理或主管对赞赏式激励没有兴趣，选择两三位跟你关系密切的同事，分享你读本书的收获，问他们是否有兴趣参加测评。

5. 如果同事对此没有太大兴趣，选择一两位你愿意跟他们更好合作的人，并回答以下问题：

   · 他们通常怎样赞赏别人？

   · 他们经常会提出哪些要求？

   · 他们常抱怨的事情是什么？

   猜猜他们的主要赞赏语，并根据你的猜想向他们表达赞赏。

第 9 章

发现盲点：你最不看重的赞赏方式

　　我们本能地喜欢说自己的赞赏语。如果我的赞赏语是服务行为，那我一定乐于助人，心甘情愿为别人多做一些事情。如果我的赞赏语是精心时刻，那我可能常常找机会跟同事聊天，对人嘘寒问暖。如果肯定言辞让我感觉良好，毫无疑问，我绝不会吝于表扬别人。如果我喜欢称心礼物，那我肯定推崇"赠人玫瑰，手留余香"。如果我喜欢有人轻拍我的后背或和我击掌，以表达对我的赞赏，我也会用同样的方式对待别人。

　　相反，如果我只按照自己的喜好，就会很少说那些自己最不看重的赞赏语。譬如说，如果称心礼物对我来说可有可无，我肯定忽视给别人送礼物。这种赞赏语对我就会成为一个盲点。我会理所当然地想：既然我对此无所谓，别人也会无所谓。于是，我虽然用其他方式表达了赞赏，但那些以称心礼物为主要赞赏语的同事也感觉不到。以下是一个真实的例子。

"斯塔西阳光"

　　　斯塔西是一家电脑网页设计公司的部门经理。她精通网页设计，擅长管理，她的下属都是网页设计人员。

她喜欢监控业务流程，协调设计师们的工作。

斯塔西为人乐观、积极，给予下属很多支持，很得人心。她的团队成员个个聪明伶俐，合作得非常好。斯塔西的主要赞赏语是肯定言辞，她喜欢别人夸奖她的工作，尤其喜欢别人当着下属和主管的面夸奖她。你对她的夸奖，她百听不厌。

所以，斯塔西也用同样方式鼓励下属。她从不吝惜表扬下属，经常不厌其烦地夸奖他们的工作做得多么好，对他们的设计能力赞不绝口。这对那些喜欢口头表扬的员工来说，非常有效。她的沟通方式为大家营造了良好工作氛围。

但是，斯塔西不太看重服务行为。她喜欢自己的事自己做，从不要人来帮忙，甚至把别人的帮助视为干涉和帮倒忙。其结果就是，斯塔西也从不主动帮助别人，哪怕别人忙得不可开交她也视而不见。她的这种管理方式，导致她和那些以服务行为为主要赞赏语的员工之间关系紧张。

卡罗琳是斯塔西手下的一名设计人员，工作能力很强。她的客户都是一些大公司。卡罗琳和大多数设计师一样，有时候为了赶工期必须加班加点。

卡罗琳的主要赞赏语是服务的行为。当她忙得不可开交的时候，如果有人能过来帮她一下，她会特别感激。若没人来帮忙，她就会觉得缺少支持。当然，她并不是不负责任，总等着别人帮助，而是真的已经忙不过来了。所以，每当她觉得压力大的时候，斯塔西没有来搭把手，而只是一味鼓励，效果当然不好。

"你这个网页做得真不错！"斯塔西来到卡罗琳的后面，一边看着她的电脑屏幕，一边夸奖她。

"谢谢……"卡罗琳有点无奈，"但是，我明天9点要给客户做产品演示，我还有好多事没有完成。今晚又得加班了。"她看着上司说道。

"我相信你一定能按时完成的。"斯塔西说，"你每次都能做到。你对工作很负责任，总是尽一切努力完成工作，很我欣赏你。"她拍拍卡罗琳的肩膀，然后就回自己的办公室了。

"谢谢您的夸奖。"卡罗琳低声嘟囔着说，"但这里需要的是帮助，人家都忙不过来了，搭把手比什么都重要。光说不练有什么用！"

斯塔西认为，自己常常表扬和鼓励卡罗琳，已经了给她有效的支持。但是卡罗琳的感受却完全不同，她觉得没从斯塔西那里得到任何支持，甚至恼怒她"不懂得体谅别人"。

这是两个人赞赏语不同导致沟通不畅、关系紧张的经典案例。

如果卡罗琳把自己的真实感受说出来，斯塔西可能会觉得很吃惊。"什么？你怎么能认为我不赞赏你的工作呢？卡罗琳，你不记得我表扬你多少次吗？我甚至还在公司高层面前表扬过你呢！我实在不理解你为什么这样说。"

卡罗琳的回答可能是："斯塔西，我知道你常夸我工作认真、努力，但是，当工作真的完不成时，我多么希望有谁来帮一把啊。口头表扬的确很动听，但实际行动更有意义。"

这种对话可能还会继续下去。斯塔西虽然主动赞赏自己的下属，但由于没有使用对方赞赏语，卡罗琳不但没有受到鼓励，反而很生气。同样，斯塔西觉得自己在卡罗琳身上的付出全是白费，感到非常泄气。由于斯塔西根本不看重服务行为，她无法理解卡罗琳，甚至觉得她"小题大做"。

黑 洞

黑洞是宇宙空间中存在的巨大星体，因为质量极大，任何东西从它旁边经过时，都会受到极大的引力而难以逃脱，包括光和能量。

在工作场合，一个人最不重视的赞赏语堪比黑洞。如果某位员工最不重视的赞赏语是肯定言辞，不论你如何夸奖他、表扬他，不论你采取什么形式（在公开场合表扬或手写卡片），他都无动于衷。你会觉得自己在他们身上所做的都是浪费时间。如果他们最不重视的赞赏语是精心时刻、服务行为或称心礼物，那么你花时间和他们在一起、帮助他们，或送球赛门票等，也都是对牛弹琴。

如果你愿意接受，认识到下面这个事实可以帮你节省时间和精力：一个人的确会认为自己最不重视的赞赏语无足轻重，但这不意味着他是一个怪物，他只是和你不一样；聪明的人懂得接受别人和自己不一样的地方。

理解和接受下属在感受鼓励、赞赏方面有所不同，对一个经理的成败来说至关重要。在与同事的关系和交往中，如果你不能这样带着这样的认识，你所做的无非是缘木求鱼，白白浪费时间和精力。

如果不明白这一点，你会对那些主要赞赏语与你不同的下属产生抱怨。你会觉得他们消极、不感恩，对你的付出视而不见。你甚至可能得出结论，认为不论做什么都不能让他们满意。这种想法当然是错误的。因此，了解自己最不重视的赞赏语，以及它很可能是自己的赞赏"盲点"，是学习有效表达赞赏的重要一步（请阅读附录"赞赏小窍门"中的"最不重视的赞赏语，对你的事业影响最大"）。

战胜盲点

战胜盲点的第一步是发现自己的盲点。假如你已经做了赞赏激励方式测评，知道了自己最不重视的赞赏语，就会明白一些了。然而，你很可能不会理解这个赞赏语。

对我（保罗）来说，称心礼物是我最容易忽视的赞赏语。虽说得到几张星巴克咖啡券我会很开心，但没有也无所谓。因此，我很难理解那些以礼物为主要赞赏语的同事。我总是忍不住会想："那点礼物算什么呀，至于那么高兴？"或"真是不明白，我宁肯得到表扬，也不想要那张健身俱乐部的免费体验卡。"

于是，我主动找那些主要赞赏语是称心礼物的同事聊。我问："为什么得到一张球赛门票对你来说那么重要？为什么它会有那么深刻意义？"同事乔的回答帮助了我，使我能从他的角度来看这个问题："首先，通过这张球票，我能感觉领导很重视我，他们愿意花时间了解我喜欢什么。如果他随随便便送给我一张芭蕾舞票，那我就太痛苦了。我一上学就打棒球，至今仍然喜欢。第二，他主动给我买票，其中体现的不仅仅是金钱，而是他

为我花费的时间和精力。我感觉到我这个人值得他这样做，我为
此深受鼓舞。"

你一旦发现自己最不重视哪种赞赏语，最好能和以此为主要
赞赏语的人聊聊，了解这种赞赏方式让他们感受到什么，他们为
什么觉得被鼓励。尝试从一个更深的层面了解这种赞赏语对他们
的影响。这样，你学习这种赞赏语就会容易一些。

选择接纳与自己不同的人

众所周知，一个经理人成功与否，关键在于他能否设身处地理
解他人的想法，包括上司、同级、下属以及客户。如果一个经理不
能正确理解他人的想法，他就可能做出错误的判断和决定。

如果赞赏激励方式的测评结果表明一个人比较重视精心时刻，
明智的领导和同事就会认真对待。即使你不能完全理解精心时刻到底
有多重要，也会花时间和他们在一起，因为这种方式对员工来说
很重要。如果你要等到自己完全理解这种赞赏语的重要性后再行
动，你可能会浪费时间，甚至在这个过程中失去这位员工。

说他们的语言

即便我们在思想上愿意接纳不同的想法和观念，但在行动上
持续体现出来却很难。我们常常自然地按照自己的观念和喜好做
事。所以，一个重视肯定言辞的经理，在实际行动中会自然给予
下属口头鼓励。

当某位下属的主要赞赏语碰巧是我们的盲点时，要想持续、

有效地表达对下属的赞赏，就必须制定相应的计划，说出下属喜欢的语言。说出自己最不重视的赞赏语并非自然，需要付出额外的努力。我们需要认真思考并寻找机会，说出对方的赞赏语。

要想克服自己的盲点，有意识地说出下属的赞赏语，需要有周详的计划。例如：有些主管最不重视精心时刻。他们不太喜欢和下属在一起，不认为和同事聊天有什么意义。这样，主要赞赏语是精心时刻的员工就觉得自己不被赏识。聪明的主管会主动花时间和下属相处。他或她应该这样想："精心时刻虽然对我不重要，但对格兰达很重要，所以我计划至少每两个星期和她聊一次，看看她的工作情况。我要把这个安排写在日程表上。"当我们做了计划，通常就会做到。

有些同事的主要赞赏语刚好是我们赞赏的盲点，导致我们无法有效表达对他们的赞赏。认识到这一点，并不断调整自己，是让所有团队成员感到被领导和同事重视、赏识的关键。

开始应用

1. 你最不重视的赞赏语是什么？

2. 参加"赞赏激励方式测评"后，你有没有发现某位同事的主要赞赏语刚好是你最不看重的？

3. 你还记得最后一次赞赏那位同事是什么时候吗？你是否愿意专门制订计划，用他最看重的方式去赞赏他？如果愿意，请写在日程表上。

4. 当你说出他的主要赞赏语时，记得观察他的表情。我们相信，你的努力一定会取得好效果。

第 10 章

表扬和赞赏的区别

我们在前面章节提到过，很多公司都会在员工工作表现优秀或为公司效力达到一定年限（譬如说15年、25年）时对员工进行表扬，这几乎成了一种传统。在大多数情况下，领导们是真诚地向员工表达赞赏，感谢他们忠心耿耿地为公司效力。乍一看，似乎我们这本书的重点是如何表扬。其实不然。我们认为，表扬和赞赏有显著区别。

2007年，高斯蒂克和埃尔顿出版了一本名为《胡萝卜原则》（*The Carrot Principle*）的畅销书。他们强调：当员工取得好的绩效时，公司要给予公开表扬。高斯蒂克和埃尔顿的研究对象多是那些一千人以上的大公司，他们主要致力于帮助企业制定政策，奖励那些表现卓越的员工（主要是金钱奖励）。

我们也赞成公开表扬员工的高质量工作，认同金钱奖励要与绩效挂钩，但我们认为这两种鼓励方式太狭隘，有明显局限性。遗憾的是，很多领导人把表扬简单地等同于赞赏。在实际工作中，相比较而言，赞赏能在更深层面上鼓舞员工。表扬和奖励有以下几点局限性。

局限1：强调员工的表现

表扬主要强调员工的工作表现或达成的目标，而赞赏注重员工的个人价值。工作表现当然不容忽视，但它不是员工价值的唯一考量标准。优秀员工也会有表现不好甚至犯错的时候，这个时候，他们就不再对公司有价值了吗？同样，并非所有人都表现卓越，但是所有人都需要得到赞赏和鼓励。所以，表扬看重的是人们所做的事，而赞赏则看重这个人本身。

最先提出这个观点的是来参加我们培训的一个团队领导人，名叫唐娜。唐娜问道："难道只有一个人表现好的时候才赞赏他们吗？某个人如果把工作搞砸，就没有机会得到赞赏吗？如果这样的话，赞赏就只能跟人们的工作表现挂钩了。"我们完全赞同她的观点。

尽管领导人都希望支持并强化员工的好表现，但是当员工表现不佳的时候，仍然需要得到鼓励。其实，当员工表现不佳甚至犯错的时候，恰恰给了主管一个机会去赞赏员工。虽然他们在某种情况下表现欠佳，主管可以说："马特，今天工作不太顺利吗？我能帮你做点什么吗？"这样的表达方式对下属很有意义，你是在告诉下属，你对他们的支持是超越他们每天做的事情的。

管理人员要关注下属表现背后的原因。某位员工表现欠佳，很可能他在生活中遇到了一些重大挑战：所爱的人离世或生病、家庭出现危机或者自己生了重病。所有这些问题都可能让人们分心，影响他们的工作。

公司内部的改变同样会影响工作表现——裁员、责任增加、工作时间延长等，都可能会有影响。全球经济危机可能会导致公司人事调整，员工需要适应新的岗位和职责，在这个过程中会感觉有压力和危机感。

通过鼓励和赞赏，管理人员可以用积极、支持的方式，化解人们的紧张情绪，这是奖励计划做不到的。特别是在困难时期，经理们更需要积极地赞赏、鼓励和支持员工，不单单因为他们的工作表现或取得的成就，而是因为你看重他们本身的价值。

奖励能激励获奖人，让他们工作更加积极努力，但对于没得到奖励的人就毫无意义。赞赏就不同了，当你用某个人的主要赞赏语赞赏他，通常能同时激励每一个团队成员去完全发挥他们的潜力。当我们得到赞赏时，我们就有动力做得更好。相反，若得不到赞赏，我们就会陷入平庸，不能完全发挥自己的潜力。

局限2：错过半数团队成员

对员工进行表彰和奖励通常只会用到赞赏语中的两种：肯定言辞和称心礼物。在表彰大会上，一般会先介绍该员工的杰出表现、取得的成就，以及对公司的重要性。然后，给该员工颁发奖励，诸如加薪、奖金、升职以及某种礼品。如果该员工的主要赞赏语是肯定言辞和称心礼物，毫无疑问，他会觉得很被欣赏。然而，约有40%～50%的人主要赞赏语是精心时刻和服务行为，对他们来说，这样做起不到赞赏的作用。

不仅如此，公司在表彰某位员工之前，几乎不会考虑该员工喜欢哪种赞赏方式。例如，我们知道很多人都不喜欢在公众面前抛头露面。

在所有推行赞赏式激励模式的公司，我们都会这样问："你们当中，谁不喜欢在公司全体员工面前接收表扬或奖励？"总会有一些员工举手。他们不但不喜欢，甚至对这种方式强烈反感。我们认为，他们的想法是有必要听一听的。对很多人来说，公开表扬和颁奖让他们很尴尬。但是，支持公开表扬的人对这种反应不以为然，他们会说："这怎么可能！看看给他们拍的照片，一个个笑得不是挺好吗？"不是这样的！主管们需要明白，自己喜欢公开表扬，并不意味着所有团队成员都喜欢。

局限3：自上而下的表扬

很多时候，表彰是公司自上而下推行的政策。员工们都知道，这是由高层管理者发起的，并没有多少个人化色彩。更成问题的是，有些人甚至怀疑这种做法的真诚。我们觉得，人们之所以这样认为，是公司领导者好心办了错事，他们从管理者的角度，将对员工的赞赏和表扬作为任务布置下去，导致了这样的结果。

被表扬的员工会经常问自己："经理在表彰大会上说的，是发自内心的还是履行公司既定的表彰程序？"人们认为领导人敷衍地赞赏员工时，会对公司产生致命打击，在不同层面摧毁相互间的信任。

关于这个问题，我们曾收到不少员工的抱怨。兰迪是一家非营利青年机构的成员，他对我们说："我的主要赞赏语是精心时刻，但我可不喜欢主管出于责任来和我聊天。如果她不想这样做，那没关系，但是她最好不要装腔作势地来和我聊，那会更糟糕。"

因此，在表扬员工之前，公司领导人如果能够让团队成员自己选择他们是否愿意参加，效果应该会更好。我们发现有些人开始不喜欢自己选择，但是当他们参加赞赏激励方式测评后，就产生了兴趣。我们不是反对公司的表扬和奖励机制，只是认为，如果能将重点放在赞赏和鼓励员工上，对改善公司气氛、提高生产力将更为有效。

局限4：巨大的财务支出

额外成本是表扬和奖励机制的另一项不利因素。在如今的经济环境下，许多企业，特别是非营利机构、学校、社会福利机构等，都没有太多能力负担奖金、大幅加薪和昂贵的礼物。很多时候，给予表现好的员工金钱奖励，也跟公司的整体氛围和价值观并不吻合。

赞赏式激励适用于任何经济环境下、任何形式的机构，包括政府部门、学校、企业、非营利机构和社会服务机构。我们建议的赞赏式激励方式，不用得到公司高层的认可后才自上而下地推行。任何级别的经理、主管、普通员工，随时都可以开始实施，开始使团队的工作氛围改变。

戴维给大家做了一个好榜样。他是一个机构的中层经理，手下有5名员工，同时，他自己也需要向更高层的经理汇报，包括向他所在分公司的总裁。戴维得知我们的赞赏式激励项目后，来询问是否可以给他的团队做赞赏激励方式测评。测评完成后，我们和戴维的团队成员们一起讨论测评结果。在帮助他实施赞赏式激励模式的过程中，他和我们聊起对几位平级经理应用这种激励模式的结果。经理们也产生了兴趣，几周来一直在听戴维讲述赞赏式激励的项目进展情况，及其对他和团队成员的关系的影响。一段时间后，总裁亲自问戴维："我觉得经理团队也该做一下这个测试。我们该怎么着手呢？"

我们看到，很多公司因为努力实践这种赞赏和激励模式，人们的工作态度和同事间的关系有了很大改善。我们相信，将本书原理应用在你的工作中，也会大大改善你公司的氛围。

开始应用

1. 你们公司对优秀员工和效力年限长的员工有什么奖励机制吗？

2. 你得到过这类的奖励吗？当时有什么感受？

3. 你认为表扬和赞赏有什么区别？

4. 如果让你选择，你希望接受表扬还是赞赏？为什么？

5. 当你经历挫折的时候，主管或同事有没有鼓励你？他们说了什么、做了什么？你感受如何？

6. 你的同事经历挫折的时候，你是否鼓励过他们？你是如何说和做的？他们的反应如何？

7. 如果你要为改善公司氛围提一些建议的话，你会说什么？有没有可能向公司有能力决定推行此类项目的人提出建议？

第 11 章

不同行业的赞赏式激励

自从我们开发了赞赏式激励项目后，我们在很多公司进行试点实施，也见证了这种激励模式在不同工作场合所产生的影响。

非营利机构

许多非营利机构提供直接服务（例如：美国红十字会、国际仁人家园、青少年糖尿病研究基金会、救世军等）。有的非营利机构服务本社区，例如为某类艺术提供支持，他们需要不断向别人宣传自己的使命，吸引募捐。在这些机构服务的人，需要不断得到鼓励和赞赏，来获得持续工作的动力。

这是一件富有挑战性的事情。虽然所有加入非营利机构的人都非常明白自己的目的，也心甘情愿帮助别人，但这不意味着他们不需要赞赏。众所周知，非营利机构成员的薪水很低，收入根本没法和一般公司相比。在这种条件下，能否通过赞赏来鼓舞士气，就显得尤为重要。

许多非营利机构都遇到资金明显不足的情况（特别是近几年），而机构员工的工作负担越来越重，导致他们常常在超负荷状态下工作。我们曾经与很多非营利社会服务机构合作过，其中包括：针对问题青少年提供上门辅导的机构，针对低收入家庭的心理辅导机构，为单亲家庭子女联络生活导师的机构，以及一些教会办的服务机构。这些机构都非常努力，为他们各自关注的人群提供了必不可少的服务；然而，在这里工作的人们都非常辛苦，工作量大、收入低，而且很少得到人们的认可。所以，大多数工作人员（志愿者）都有筋疲力竭的感觉。而在这些非营利机构里，应用赞赏式激励模式后的效果极其显著。

金融服务机构

有些人认为，保险公司、投资公司和银行等金融机构的员工不需要赞赏式激励，丰厚的报酬就是对他们的最好激励。对于专业理财顾问来说，这点的确不假，但对广大的行政支持人员，情况却并非如此。他们工作繁忙，压力大，需要不断得到鼓励。

我们曾经为一家著名的人寿保险公司提供咨询。这家公司最关注的问题是："我们该如何留住员工？很多人来公司工作不久就会感到失望，工作一年到一年半就离开了。这么高的人员流动率，实在要我们的命。"我们分别与那家公司的行政人员和理财专员谈了话，发现他们的办公室经理、接待人员、行政助理以及技术人员，几乎从来没得到过上司的赞赏。

我们服务过另一家公司，他们的很多员工是高级理财专员和商务顾问，他们主要服务非常富有的家庭。这里的人个个优秀，他们精通业务，工作主动，对公司忠心耿耿，在业内极富竞争力。他们虽然收入很不错，但所有人都承认，互相的赞赏和鼓励是让自己坚持下去、对工作感觉满意的最大因素。最后，那家公司要求所有员工都参加赞赏激励方式测评，并参照每个人的测评结果来鼓励他们。他们还将"激励方式"放到年度绩效考核中。我们相信，不仅这家公司，所有的金融服务机构都会看到赞赏式激励模式的益处。

家族企业

美国有超过85%的企业是家族企业，"世界五百强"中有35%的企业是家族企业。实际上，家族企业雇佣的员工占了全美国被雇佣人数的60%。

家族企业涉及的行业遍及各个领域，包括建筑业、干洗店、餐馆、汽车销售、制造业、洗车店、房地产管理公司、供热制冷承包商、银行等，不胜枚举。家族企业的规模大小不一，有几个人的小公司，也有上万人的跨国企业。

家族企业最常见的问题是人际关系复杂。这主要是因为家族几代成员一起工作，他们的经营理念各不相同，甚至相互冲突。除此以外，还有家族管理人员、家族普通成员与非家族成员之间的关系。在这个复杂的人际关系迷宫里，能否及时赞赏员工并鼓励员工战胜困难，是企业成败的关键。

从未在家族企业工作过的人可能想不到，企业家族成员往往感觉自己是最得不到赞赏的。这种现象在家族企业并不罕见，人们认为他们是企业所有者，根本不需要鼓励。

一个在自己家族的企业里工作的人曾对我们说："没有人知道我承受多大的压力。不管我做了什么，在父亲眼中总是不够好。不是我们家族的员工会认为，我肯定得到了某种形式的经济补偿。实际上，我的收入比公司大多数经理人都少，而且没有任何补助。如果有机会离开这里，我会毫不犹豫离开的，但那样会毁了我和家人的关系，我也不想那样做。"这位女士需要得到公司同事的认可，包括得到她父母的认可。

同样，根据我们的经验，企业老板是最孤独的一群人。因为处于高位，加上大多数性格比较独立，他们很少从员工身上得到任何形式的赞赏和认可。许多老板认为这一切也许理当如此，从不奢求员工来赞赏自己。所以，如果你是工员，即使看起来你的老板事事顺风顺水，我们也强烈建议你花些时间，想办法感谢他们为公司付出的努力。你也可以建议他们试试参加赞赏激励方式测评，并建议他在公司推行这一激励模式。

学 校

任何类型的学校都承担着极大压力。我们认为，学校是目前社会上挑战最大的地方。教职员工需要面对来自很多方面的压力，包括：全省及全国范围的考核、备课压力及学术研究，有学习障碍和行为问题的孩子。除此之外，教师还要面对许多其他问题，例如疲惫不堪的父母、婚姻冲突、吸毒（学生和家长）以及混乱的家庭环境等等。有一大堆理由让教职人员们失望、内心疲惫。

除此之外，学校还面临资金短缺、设备老化、员工加薪缓慢等问题，结果就是员工工作压力大、收入少。越是在这种情况下，学校管理者越需要向员工不断表达赞赏，使他们不至于灰心失望。

一位小学校长曾说："对我来说，了解员工的赞赏语、有效地鼓励每位员工至关重要。我没有能力给他们加薪，但至少可以让他们看到：他们的付出是有价值的，大家都有目共睹。"

一家市区中学的校领导知道了我们的赞赏激励方式测评后，非常激动，因为这刚好和他们学区正在推行的一个项目吻合。那个项目就是想通过提供培训、资源和支持来鼓励员工，但只有想法，还没有找到具体的操作方法。当这位领导和学校的管理团队参加了赞赏激励方式测评后，就要求他们的教研组长参加测评，并在周会上应用测评结果。一开始，不是所有人都表示感兴趣，但是在接下来几个星期里，我们看到了一些有趣的现象。那些一开始就对这种激励模式感兴趣的教师们，很快就开始用赞赏和鼓励来激励自己同组的教师们，积极鼓励大家参加测评并应用赞赏式激励。慢慢的，原先持怀疑态度的人越来越感兴趣，因为他们逐渐认识到，这种激励的核心不在于操控别人，而在于真诚地赞赏别人。

大学教职员工同样期待这种以赞赏为中心的管理模式。没有在大学工作过的人可能想不到，大学同样是一个官僚风气严重的地方，各种利益团体之间的争斗不断，人与人之间等级分明（研究生、助教、获得博士学位的教师、终身教授、系主任、院长），竞争激烈。所以，这里人际关系冷漠，同事之间很少互相鼓励和支持。但在这里，如果哪位领导能主动向员工表达感谢和肯定，他很快就会成为众人心目中的好领导。

这一点，我（保罗）在佐治亚州立大学攻读博士学位时深有体会。我的系主任史密斯先生是一位才华横溢的教授，他为人温和，关心下属。他从来不因自己学术威望高就清高自大，而是非常尊重别人，时常感谢别人。学校里的人都排着队为他效力。由此看来，在各级教育机构里，有效表达赞赏也会产生积极效果。

医疗机构

我们发现，医务工作者也很乐意接受赞赏式激励。有很多牙科诊所、理疗中心、眼科诊所以及各种医疗机构，要么正在积极推行赞赏式激励并初见成效，要么对此表示很有兴趣。

我们曾在一家理疗中心做试点，推行赞赏式激励，参加人员包括理疗师、理疗师助理、实习生和管理人员。在正式为大家培训前，我们请每一位参与人员做了一位匿名问卷测试。问卷中有6个问题，其中包括："主管对你的工作的赞赏程度有多大？""同事和主管多大程度上感受到你对他们的赞赏？"

简单介绍了赞赏激励方式测评后，我们请大家参加了测评，并评估答案。然后，我们请他们再次匿名填写问卷，回答了同样6个问题，发现这一次大家的分值普遍高于预测。这仅仅是大家初步了解赞赏式激励的结果。

接下来，我们帮助员工设计了一套行动计划，让他们更多地表达对彼此的赞赏。4周以后，我们请员工重新回答了那6个问题，并将这3次测试（培训前、培训刚结束、实施4周后）的结果进行比对，发现大家的分值又提高了。

我们从员工的谈话中也受到了很大鼓励。理疗师的主管说："这对我们很有益处。大家之前关系还不错，经常说'谢谢'，但做了赞赏激励方式测评后，我们互相更信任、关系更密切了。"一位理疗师说："赞赏似乎已经是这里不可或缺的一部分。我们更多地赞赏别人，赞赏正在成为我们的企业文化。"

我们希望，会有更多的医疗机构认识到赞赏式激励的价值。

教会及事工机构

教会和事工机构的职员与他们的职业之间，有一种非同寻常的关系。他们工作不仅是为了收入，还跟属灵呼召及服务他人的愿望有关。在教会和事工机构，职员牺牲了很多自己的个人利益，这主要体现在：他们做同样的工作，但收入比其他地方低很多。

研究表明，牧师得不到会众的赞赏时，陷入低潮的几率更大。我们（盖瑞和保罗）自己的个人经历也证实了这一点。牧师（包括助理牧师、青年团契和儿童主日学的教师、姊妹团契的带领人、领诗同工等）觉得经常受到批评，得到的鼓励却少得可怜。

我们与教会同工以及事工机构的职员合作时，发现他们非常渴望得到赞赏。他们希望的，不是得到多少奖金和多么高调的表扬，而是真诚盼望自己在奉献时间和精力后能得到赞赏。如果得不到，他们就会觉得很失望。

我们还观察到，在这些机构中，往往有一些专门鼓励别人的人。这些人看到了大家的需要，主动承担起鼓励的责任。虽然他们很受欢迎，但需要得到鼓励的人多，单靠几个人是远远不够的。而且，这些人出于好心，往往单纯地按照自己能感受到鼓励的方式去鼓励别人，因此经常做不到位，达不到预期的效果。因此，在教会和事工机构推行赞赏式激励模式，必能帮助他们找到切实可行的方法，满足他们的职工对赞赏的迫切需要。

制造业

有人说，赞赏式激励不适合制造业。有一位企业咨询师曾说："这种赞赏式激励太煽情了。"还有一位企业老板说："车间主管和流水线工人并不在乎自己的感受，而是在乎能否按时完成任务，领到薪水。"

然而，我们发现有一些企业老板不这样想——他们明白员工需要赞赏和鼓励，也积极寻找适合自己企业的赞赏方式。一旦企业老板认识到赞赏员工的益处（参见第二章，赞赏和激励的回报），并找到合适方法后，他们在怎样管理好企业上更有远见了，并勇敢地在自己的企业实践这些新学到的理念。

有一家中等规模的电子元件生产组装厂，请我们帮忙向管理层推行赞赏式激励。第一次培训时，我们简单介绍了赞赏式激励的理念，以及在工作场合赞赏员工的重要性，然后请总裁、副总裁及各个车间的主任做了赞赏激励方式测评。我们将他们的测评结果做成组图，使每个人的主要赞赏语、次要赞赏语及最不重视的赞赏语一目了然。然后，请每位领导人以一到两位员工为目标，写出自己具体打算如何鼓励和赞赏对方。几个星期以后，我们再把大家请到一起，让他们谈自己这样做的收获，并讨论他们在实施过程中遇到的挑战。

管理者们汇报自己赞赏别人的经过时，大家笑声不断，讨论气氛非常活跃。一位主管说："多年来的领导经验告诉我，当你赞赏你的团队成员，他们就会对你忠心耿耿，愿意为你赴汤蹈火，因为知道了你关心他们。我想，每一位经理都会深有同感吧。但是这赞赏激励方式测评给了我一些具体的指导，让我知道怎样鼓励他们最有意义。现在，我不用总是猜想自己做得到不到位了。这种测评真是管用！"

我还发现，这家公司总裁最不重视的赞赏语（肯定言辞）恰恰是他两位副手的主要赞赏语，而且正是他们沟通不畅的症结。总裁说："我的主要赞赏语是服务行为。说白了，就是'完成任务'！你们对我最大的帮助和鼓励，就是把自己该做的事情做好，这能极大减轻我的负担。我以前不太重视肯定言辞，以后我会注意，多多夸奖你们。"这时，一位车间主管幽默地接过话茬说："您真这么想？"顿时满屋人哄堂大笑起来。这家公司的管理者们看到，赞赏不仅能够激励员工，还能让工作气氛更欢乐。

其他潜在的应用

下面，我们快速介绍在其他行业推行赞赏式激励的情况。

首先，执法机构的领导层很需要鼓励和赞赏。罗伯特·约翰逊在一篇名为《法律与秩序》的文章中说，能否与人建立个人连接，是卓越领袖和平庸管理者的重大区别。他在文中写道："虽然物质奖励非常诱人，但是警官们出色完成任务后，还需要真诚的认可和赞赏。当他们做了错误决定、懊悔不已的时候，同样需要鼓励，而不是责备。"

政府部门的人同样非常需要赞赏式激励，他们的工作性质决定了他们不可能单单因优异表现而获得加薪和升职。这就是为什么我们去政府部门办事时，遇到的人大多一脸的失望和冷漠。我们完全相信，在政府部门推行赞赏式激励，能极大改善他们的工作氛围和心情。

据调查，宾馆和餐厅服务人员同样需要赞赏式激励。30多年的研究表明，公司领导层的管理风格和行为方式，决定了70%员工对公司整体氛围的看法。实际上，想要让员工认可公司，就要提高员工对公司管理的满意度。成功的经理懂得和员工面对面交流的重要性，他们会通过赞赏、感谢、鼓励和支持团队来表达对员工的关心和尊重。

会计师也逐渐认识到在工作中处理人际关系的重要性。美国注册会计师管理部门已经证实，情商高低对于一名会计师的成功与否，有着不容忽视的作用。在为注册会计师事务所举办的提高情绪能力的系列培训中，"最佳行为"包括了"建立支持和鼓励的人际网络"。

我们在第二章中说过，研究表明，任何工作场合都离不开赞赏和鼓励，不论你是医生、律师、教师、保育员，还是牧师、顾问、卡车司机或建筑工人，都需要赞赏和鼓励。就算你是棒球和篮球裁判，仍然需要赞赏和鼓励！

同样，赞赏和鼓励也不止英国和美国人需要。赞赏激励方式测评已被译成汉语、西班牙语和越南语，即将译成其他语言（土耳其语、韩语、德语和法语等）。目前，我们已经着手在一些跨国企业推广赞赏式激励，那里的管理人员早就翘首以盼了。能在世界范围内帮助管理人员和普通员工建立更融洽的工作氛围，我们为此大感振奋！

开始应用

1. 下表中哪个行业跟你的工作最接近?

   · 金融服务   · 制造业

   · 家族企业   · 执法部门

   · 学校   · 政府机构

   · 大专院校   · 酒店

   · 诊所   · 餐厅

   · 其他服务行业   · 零售业

   · 大型公司   · 媒体

2. 在工作中,你最大的挑战是什么?

3. 你工作中的哪些部分最能让你感到满足?

4. 当你拼命工作的时候,什么事情会让你感到挫败?

5. 赞赏语言能改善工作氛围。在这一点上,你的看法如何?

第 12 章

志愿者工作的独特性

　　志愿者工作是指为他人、团体或机构无偿付出自己时间的行为。据报道，美国每年有50%的成年人做志愿者，也就是说，每年有数千万人通过某种方式无偿为他人提供服务。管理过志愿者的人都知道，这是一个庞大的劳动大军。

　　志愿者的年龄不等，从青少年到老年，各个年龄段的人都有；参加服务的形式多种多样，有人单独参加，也有夫妻或整个家庭全家上阵。很多在校学生参加学校组织的志愿者活动或课外志愿者组织，如童子军、教会的青少年团契等。大学生和青年人正为事业的发展和建立重要人际关系而奔忙，做志愿者的时间会减少一些。

　　不论在哪个阶段，总有20%的女性说自己在从事志愿者工作。有趣的是，女性认为自己做志愿者是为了巩固现有人际关系，而男性做志愿者则是为了建立新的人际关系。很多成年人参加志愿者活动，是为了建立更广泛的社交圈和业务关系。

　　很多人认为退休人员是志愿者工作的主力军。调查表明，退休后开始参与志愿者工作的人并不多，反而那些成年后一直坚持做志愿者的人，退休以后往往会继续坚持。

志愿者在哪里服务

在美国乃至全世界，有成千上万的机构每星期都需要志愿者。志愿者影响的范围之广，真是无法想象。想想你每星期的时间安排，看看你在日常生活中会与多少机构打交道。以下这些机构都需要依靠志愿者的帮助：学校（公立、私立）、医院、图书馆、运动队、游客中心、机场、博物馆、动物园、动物之家、男孩女孩俱乐部、社区庆典、教会以及其他敬拜场所、退休社区、音乐团体、社区服务机构、社会服务机构和环保组织。

志愿者们奉献了自己的时间和才干。志愿者的工作内容包括：陪伴，如和老年人做游戏；奉献自己的才能，如管理才能、音乐和艺术才能以及其他专业技能（如图文设计、木工和市场营销）；甚至还需要亲自做一些体力活，以降低某些项目的劳务成本。

在工作时间安排上，有些志愿者提供定期服务，例如每天下午负责照顾收养的小狗，每星期日带领儿童主日学，或者在非营利机构做接待；有些志愿者的工作时间则不规律，例如帮助社区组织年度庆典，或者帮助灾民或无家可归者修建住房，还有些人帮助他们支持的机构组织年度筹款会或组织庆典。

对于招募并管理志愿者的人来说，了解志愿者是什么人、做什么以及参与服务工作的频率，是很重要的。被录用的志愿者们对于做什么和服务频率的期待，也有很大的变数。这使得留住志愿者并鼓励他们，成为一项挑战。

志愿者带来的不利因素

经常招募志愿者的机构常常面临两难。一方面，志愿者是很有价值的资源，毕竟他们"免费"提供服务。其实，志愿者服务并不是免费的，还需要培训和管理费用上的投入。因此，用工单位都希望志愿者能多做一些工作，否则支出和回报就不对等。另一方面，志愿者往往不如固定员工可靠，因为他们与所在机构没有正式的雇佣关系。

志愿者有时要求很多，工作起来挑三拣四，看到不顺眼事情容易灰心失望。他们免不了会带来一些混乱，中断服务工作。

事实上，有时候，机构在志愿者身上花费的要比得到的多。他们要找专人来管理志愿者，为他们租办公室、支付餐费及其他费用，这些高额的成本让一些机构对使用志愿者犹豫不决。

对于大多数管理志愿者的人来说，最大的困难莫过于志愿者流动性太大。虽然做志愿者的人不少，长期承诺于一个机构的人却并不多，很多志愿者做上几个星期或几个月就离开了。志愿者的流动性非常强，这对招募志愿者的机构来说，是很大的挑战。

工作满意度与志愿者的工作

工作满意度这个概念不仅跟营利机构有关，非营利机构的员工、志愿者同样需要从自己做的事情中得到满足。如何留住志愿者，是非营利机构面临的最大挑战。研究人员专门调查了非营利机构的职员及志愿者的工作满意度对机构的影响，调查结果如下：

低工作满意度，导致高人员流动率。当非营利组织的职员或志愿者对自己从事的工作或所在的机构不再喜欢时，就很容易选择离开。他们会换一家公司或换一种工作，而不会在一个自己不满意的岗位上委曲求全。

人员流动率高，影响服务质量。如果员工流动快，机构就很难稳定持久地为目标人群提供高水平的服务。另外，人员更换频繁，培训跟不上，同样会影响职工的服务质量。

当努力得不到认可时，志愿者很容易放弃。当他们觉得自己的付出根本没有人在意或没人认可，很快就会灰心泄气而离开。缺少认可和赞赏是志愿者离开的主要因素。

非营利机构留住志愿者的最好办法，是认可和赞赏他们。为志愿者组织提供咨询以提高其影响力的专业人士发现，这些机构要想实现目标、取得成功，赞赏员工是核心。

很多志愿者声称，他们离开的主要原因，是感觉自己孤军奋战，得不到支持。志愿者们需要感觉到自己和团队紧密连接、团结一致，并且知道主管和同工支持自己。否则，他们很难长期坚持下去。

人们为何开始，为何坚持

作为一名心理辅导师，我（保罗）经常要处理人们日常生活中的行为问题。在化解愤怒、抑郁情绪以及减肥、改善婚姻关系等等事情上，都有人需要帮助。人的行为问题真是没完没了。说到改变人的行为，我们首先要理解一个基本问题：一个人开始做某件事情的理由，和使他长期坚持下去的理由，可能完全不一样。

想要帮助志愿者，必须首先明白这一点，因为一个人想做志愿者的初衷，通常与他坚持下去的理由大不相同。首先，我们看看人们通常想去做志愿工作的理由：

· 这些服务工作跟自己的家庭价值观和生活环境相吻合；
· 所在机构的要求；
· 增加和现有朋友的交往；
· 认识新朋友，建立新的人际关系；
· 回报曾经帮助过自己或家庭的机构；
· 某种特殊情况或危机（洪水、龙卷风、飓风等）时的
  需要；
· 出于对自己社区某种紧急情况的关注；
· 由于信仰的原则或因素，去帮助那些不幸的人；
· 出于自己的个人意愿，与他人分享自己的福祉。

请注意，人们做志愿者的初衷都不见得是要得到认可。让人们坚持志愿工作的原因，则有如下几种：

· 感到人活着要奉献，不能只为自己；
· 认为自己做的事情能改变别人的生活，改善社区环境；
· 在服务过程中，与他人建立良好的关系；
· 在提供服务的过程中，得到积极回馈；
· 对于所服务的机构或项目很忠诚。

留住志愿者不是一件容易的事情。我们认为，理解志愿者的需要和愿望，是让他们在一段长时间里持续服务的关键。仔细分析一下人们坚持做志愿者的原因，不外乎以下两点：社会密切性和产生的影响。

当志愿者觉得自己与同事、主管以及服务对象的关系密切

时，服务时间就会加长；相反，如果他们觉得自己在孤军奋战，既得不到同事的支持，也无法和服务对象建立良好关系，就很容易半途而废。

很多志愿者希望看到自己"带来不同"，他们希望自己所做的事情是重要的，能对别人产生积极的影响。但现实是，很多影响不是立竿见影、快速见效的。这时，主管最需要做的是鼓励他们，让他们以长远的目光看待自己的付出。志愿者最需要鼓励，需要主管帮助他们明白，每天看似微不足道的付出，确实能产生显著的影响。

赞赏如何带来不同

为了满足志愿者与人有紧密联系的需要，并看到自己发挥的影响，主管和同事对他们的鼓励非常重要。用志愿者喜欢的方式赞赏他们，能让他们更忠实于自己的工作。

我们发现，当机构花时间，认真了解如何更好地鼓励志愿者，发现他们的主要赞赏语（通过赞赏激励方式测评），会更容易"命中目标"，留住志愿者。主管们认为：用志愿者的赞赏语来鼓励和赞赏他们，能产生事半功倍的效果；相比较而言，开表扬大会费时耗力，收效甚微。

如果你负责管理一家非营利机构或负责管理志愿者，请考虑以下问题：向那些渴望得到赞赏的人说表扬的话，或手写一张感谢卡，有没有帮助呢？给喜欢礼物的人送上一份他们心仪的小礼物，多么让人欣喜啊？定期与那些喜欢精心时刻的人聚会，可以为你省去多少时间和精力？了解谁重视团队合作，谁喜欢独立工作，日后可以为你减少多少焦虑？

志愿者最大的抱怨之一是，人们总是用一成不变的方式来表扬志愿者。据我们调查，公开表扬是志愿者最不喜欢的赞赏方式，但大部分非营利机构的领导者都喜欢这种方式。他们喜欢组织颁奖大会，颁发"年度志愿者之星"等奖项。我们相信，如果领导者们真正明白赞赏式激励，他们在感谢和鼓励志愿者上就会做得更好（请参考附件"赞赏小窍门"中的"如何奖励志愿者"）。

劳拉是一家社会服务机构的主管，她的工作内容是招募志愿者，去帮助那些未婚先孕、或已经生育的高中女孩，让这些小妈妈们能继续留在学校读书。同时，志愿者们还会在情感上支持帮助她们，教导她们如何成为称职的母亲。这是一项挑战很大、但有着巨大影响力的工作。

我们开始与劳拉合作的时候，她说自己面临的最大问题是："我如何鼓励和支持志愿者，使她们不会灰心丧气，想要放弃。"的确，志愿者是这家机构得以运转的中坚力量，没有志愿者，机构就无法运转。当她了解我们的赞赏激励方式测评及培训模式后，便迫不及待地想开始试行。没过多久，她就邀请我们参加她的志愿者集会，让我们简单介绍了赞赏式激励的概念（她们当中很多人早已熟悉《爱的五种语言》）。然后，每一位志愿者都做了赞赏激励方式测评。

两个星期以后，我们一起讨论测评结果，并用图表显示每一位志愿者的主要赞赏语、次要赞赏语和最不重视的赞赏语。大家对学习如何互相赞赏感到很兴奋，并认真着手准备实施。

几个星期后，我们回访了劳拉。她为这种新的鼓励方式给团队带来的积极影响而兴奋。她说，志愿者们士气高涨，自己和她们的关系也更密切了。

我们相信，任何一家机构，只要愿意花时间帮助员工了解彼此的赞赏语，都可以像劳拉那样，很快看到效果。我们知道，当志愿者得到赞赏时，和同事会有更稳定的关系，也会有更多坚持下去的力量。所以，对于需要大量招募志愿者的机构，我们强烈建议使用赞赏式激励模式。

开始应用：

对于志愿者

1. 如果你是一名志愿者，请用0~10分来评价主管是否赞赏你。主管怎样做，你才会觉得他/她重视和赏识你？

2. 你需要跟其他志愿者密切合作吗？如果是，写下他们的名字，并用0~10分来评价他们赏识你的程度。他们说什么或做什么，会让你感到被重视和赏识？

3. 你上次向主管表达赞赏是在什么时候？你是怎么表达的？效果如何？

4. 你上次向跟与你合作的志愿者表达赞赏是什么时候？你是怎么表达的？对方的反应如何？

5. 你知道自己的主要赞赏语吗？如果你还不知道，请做一做赞赏激励方式测评。

6. 你知道主管和其他志愿者的主要赞赏语吗？如果你不知道，请鼓励同事们做一做赞赏激励方式测评，或者把这本书送给他们。

对于管理者

1. 作为一名管理者，你面临的最大挑战是什么？

2. 你们机构目前通过哪些方式来赞赏志愿者？你知道如何了解志愿者对自己工作的满意度吗？

3. 得到真诚的赞赏对提高一个人的工作满意度至关重要。请鼓励志愿者们参加赞赏激励方式测评，了解每个人的主要赞赏语。

4. 志愿者对实现你所在机构的目标，起了不可忽视的作用。你向他们充分肯定过这一点吗？你怎样做能帮助他们明白，自己的付出不会白费？

5. 你觉得志愿者与你所在机构的员工以及服务对象之间，建立了良好的关系吗？你如何帮助他们建立更好的社交关系？

Section Four

第四部分 **战胜困难**

第 13 章

赞赏语一生不变？

当我们和企业合作，推行赞赏式激励模式时，经常有人问："人们的主要赞赏语会随着环境的变化而改变吗？"如果回答说"会的"，对方就问："我们怎么知道他的主要赞赏语改变了呢？"我们这一章着重回答这个问题。

首先，我们想说，一个人的主要赞赏语一生都不会改变，这和我们的性格特征一样。有条理的人一辈子都会井井有条，丢三落四的人可能会花半辈子的时间找钥匙；早起的人在中午11点前效率最高，而晚睡的人往往到了晚上10点后才来精神。这些性格特征一辈子都改不了，它们已经成了我们的一部分。

虽然这样说，我们需要澄清的是，这样并不是要打消人们改变的念头。的确，通过训练，丢三落四的人可以变得更有条理；一个晚睡的人也许看不见日出，但喝点咖啡，他至少可以在小鸟开始啼叫的时候清醒过来。

虽然人的主要赞赏语一辈子都不会改变，但在人生的某个季节，第二赞赏语可能会变成主要赞赏语，主要赞赏语在情感上可能会变成第二位的了。同样，有些情况下，人们开始看重他们最不重视的赞赏语。下面，我们来看看导致一个人主要赞赏语发生变化的两种情景。

人生阶段和环境

　　首先，人生阶段和环境会影响一个人的赞赏语。我们的生活会发生改变，也许家人生了重病，也许看到同事的家人在病痛中挣扎，也许配偶或孩子出了严重事故，健康受到了严重损害，需要长时间住院或康复治疗。这时，我们仿佛被生活推到了极限，情感和体力都不堪重负。在这些时刻，来自家人、朋友和同事的情感支撑和鼓励格外重要。生活遇到了重大变故，我们的赞赏语也会随着发生改变。

　　迈克尔是一家大型会计师事务所的会计师，工作非常努力。他第一次参加赞赏激励方式测评的结果显示，他的主要赞赏语是肯定言辞。迈克尔也认为是这样。当周围的人认可他的工作，并予以口头表扬时，他会感到自己得到了赞赏。

　　然而，6个月后，迈克尔的妻子被诊断患了癌症。在接下来的两年中，迈克尔带着妻子频频出入医院。妻子除了接受化疗，还做了两次手术。迈克尔在医院陪护的时候，同事们纷纷伸出援手帮助他，两个女同事帮他照顾孩子，还有两位同事在妻子手术期间轮流给他们送饭。

　　事后，迈克尔对这四位同事说："我永远也忘不了你们的帮助。如果没有你们，我真不知该怎么办。"时至今日，他每每回想起那段日子，都认为同事们的服务行为是对他最大的肯定和鼓励。由此可见，在迈克尔遇到困难的时期，服务行为要比肯定言辞更有意义。我们再次查看他以前的测评结果，发现服务行为是他的第二赞赏语。危机时刻，他的第二赞赏语成了主要赞赏语。

　　表达赞赏语的具体方式同样会因生活环境而发生变化。布莱恩是一家制造公司的销售经理。他年近35岁，因工作需要频繁出去拜访客户，并且邀请客户去一些高级餐厅用餐。回想布莱恩刚参加工作的时候，他和妻子桑迪的经济情况比较紧张，对他们来说，到外面吃饭是一项奢侈的享受。那时，他们很希望公司赠送一些高级餐厅的餐券来赞赏他。然而，到了现在这个年纪，虽然他的主要赞赏语仍是称心礼物，但他已经不再看重餐券了。他和妻子对音乐产生了兴趣，所以他现在更喜欢音乐会门票。他的赞赏语没有改变，但随着时间和生活阶段的改变，向他表达赞赏语的最佳方式改变了。

还有一个例子。布兰达是一家营销公司的顶级销售，她的主要赞赏语是肯定言辞。当她第一次被评为"月度销售明星"并公开受到表扬时，她别提有多兴奋了。她打电话给妈妈，和她分享自己成功的喜悦，甚至把奖品上的文字念给妈妈听。4年过去了，布兰达大大小小的奖项不知得了多少，壁橱里放满了各式各样的奖品和徽章。她现在对得奖已经习以为常，不再兴奋地告诉家人和朋友了。每次得了奖，她只是往壁橱里一扔，继续朝着下一个目标努力。

前不久，主管来到布兰达的办公室，对她说："布兰达，我给你颁发的奖章和奖品是公司历史上最多的。如果你愿意，我还可以给你发更多的奖章。但是，我现在想说的是，我特别感谢你为公司所做的贡献。你不仅自己的销售工作做得好，还常常激励带动其他人。在各个方面，你都是销售团队一个不可多得的人才。我说这些就是想告诉你，我很珍视你的努力。如果你不反对的话，我下周还要给你颁奖。但是我想让你知道，对我来说，颁奖仪式并不仅仅是一个形式，而是我对你真诚的赞赏。"布兰达向主管表示了感谢。等主管离开后，布兰达的眼睛湿润了，她自言自语地说："他的的确确欣赏我所做的一切。"

虽然布兰达的主要赞赏语是肯定言辞，但是主管专门到她办公室来赞赏她，还是深深地触动了她。这要比在公司大会上给她颁奖有效得多。其实，布兰达的主管对她说了两种赞赏语：精心时刻和肯定言辞。

如何得知一个人的主要赞赏语或接受赞赏的方式，在某个阶段改变了呢？有时，我们可以通过观察他的环境和情况。迈克尔的同事肯定知道他妻子生病，那些和他关系近的人马上就想看看如何帮助他。他们不会想"迈克尔的主要赞赏语是什么"，而是想"我们该怎么做才能帮到他"。他们急迈克尔之所急，让他感到了最深的赞赏。有时，如果我们设身处地为同事着想，就会知道他们的需要，明白怎样做给他们的帮助最大。

布莱恩的主管和同事可能不知道，他已经不再像年轻时那样喜欢高级餐厅的餐券了。布莱恩可以坦率告诉同事或上司自己现在更喜欢音乐会的门票，而不是餐券。所以我们鼓励大家参加赞赏激励方式测评、列出你喜欢的"行动方式"，每半年重温测评结果并及时更新。如果主管能在半年考评的时候安排员工这样做，就更方便员工彼此了解了。

布兰达的主管可能并没有料到，去她的办公室拜访并表达感谢会让她有那么强烈的感受。如果布兰达告诉主管，他的来访和说的那番话对她是莫大的鼓励，主管就会知道精心时刻和肯定言辞，对布兰达比公开表扬更有意义。

人与人的互动

在心理学发展初期（约1900年到1970年），精神科医生的主要关注点是人，包括人的性格、行为模式、思维模式和习惯。后来，心理学家们发现，一个人之所以会形成某种行为模式，是因为他生活在某种特定情境和人际关系中，并由此诞生了所谓的系统理论。这个理论的基本思想是：如果你理解了一个人的生活环境，就不难理解他为什么会有某种行为和思维习惯。这一发现推动了婚姻家庭辅导以及社会心理学的发展，让人们更系统地了解一个人的社会关系（他们交往的人）对其行为的影响。例如，将一个十几岁女孩和朋友们打招呼的方式、与她和祖母打招呼的方式做对比，看有何相似之处。

我们讨论这个问题，关键是为了说明：一个人的主要赞赏语会根据他交往的对象的不同而发生改变。例如，人们对同事与对主管的期待是不同的。主管的性格会影响下属对赞赏的要求。在探索这个问题的过程中，我们发现，虽然人们的主要赞赏语与"我是谁"（对自我的认知）密切相关，但也受到交往的人的影响。你可以想想，你与现任主管和前任主管的交往方式有什么不同。你还是原来的你（也可能有些许改变），但是因为主管不同，你的沟通和回应方式就改变了。

这就是人际关系的变化对我们赞赏语的影响。例如，托娅的主要赞赏语是肯定言辞，她喜欢听各种赞美的话。托娅的现任主管格伦是一位性格开朗、健谈的销售专家。格伦为人热情、随和，不吝夸奖遇见的每一个人。"今天天气真不错啊！你怎么样，约瑟？太感谢你昨天帮我做的工作，你做得堪称完美！"然后，他就去找下一位了。

大家都喜欢格伦，因为他为人积极乐观，经常鼓励人。但是，由于得到他的赞赏太容易了，所以无形中，他这种方式降低了赞赏本身的价值。所以，当格伦赞赏托娅的时候，她很感谢，但还是把格伦的赞赏打了个折扣。

对于托娅来说，如果格伦来到她的办公室，不是例行公事地问她工作做得如何，还能听听她关于提高部门工作效率的建议，她会感觉自己很受他赏识。托娅知道格伦是个快节奏的人，如果他能静下心来和自己聊聊，托娅就会觉得他是真的看重自己的付出和洞察力。格伦平常不是在打电话、发短信，就是在与人谈话。这样好的一面是，他能快速回应那些想要联系他的人；不好的一面是，他很容易被打扰。通常，他和一个人正说着话，突然想起要给某个人打电话，立即说："请稍等，我要打个电话，几分钟就好。"他若能在肯定托娅工作的同时，安静地听她讲话，托娅才会觉得他是真诚的。

有趣的是，精心时刻是托娅的第二赞赏语。但是在和格伦相处的过程中，这显然成了她的主要赞赏语。虽然从赞赏激励方式测评中，格伦可能看到托娅的主要赞赏语是肯定言辞，但在实际操作中，只有格伦集中精力和她沟通，才能让她觉得被鼓励。

谁会意识到这些赞赏语的改变呢？显然是托娅。日积月累，如果托娅留心自己内心的感受，就会察觉到，自己期望从主管那里得到的是精心时刻。重要的是，她需要想明白并对格伦说清楚。她可以这样说："格伦，有时间吗？我想和你聊聊。你知道我们都做过赞赏激励方式测评，也知道哪种方式最能鼓励我们每一个人。我喜欢听别人的夸奖,这一点你做得非常好。但是我最近意识到,你经常鼓励和夸奖人,再加上你整日忙得不可开交,所以我更希望你能单独和我谈谈工作上的问题,以及如何改进工作,提高效率。不要误会,我并不是不喜欢得到你的赞赏,只是你认真听取我对于提高工作效率的建议,对我来说更重要。"

现在,格伦明白了自己该怎么做才能真正表达对托娅的赞赏。人总是不断变化,在格伦面前,托娅的主要赞赏语从肯定言辞变成了精心时刻。但是,当托娅和其他同事在一起时,她的主要赞赏语仍然是肯定言辞。

从托娅的经历,我们观察到另一个现象:当一个人的主要赞赏语得到充分满足后,第二赞赏语就会变成主要赞赏语。托娅的主要赞赏语是肯定言辞,这是她的特点。当格伦给了她充分赞扬后,她就不那么重视肯定言辞了,这时,精心时刻变成了她的主要赞赏语。我们猜测:当格伦不再赞赏她时,她的主要赞赏语很快就会变成肯定言辞。

再来看看提姆的例子。提姆工作努力,对自己要求很高。由于他工作的性质以及公司最近裁员,他有些不堪重负。做了赞赏激励方式测评后,我们看到提姆的主要赞赏语是服务行为。当他忙得不可开交的时候,如果有人能帮帮忙,他会觉得很被赞赏。然而,有一位同事是例外,提姆不喜欢得到他的帮助,主要是因为提姆是个很安静的人,而那位同事是个话痨,每次来帮忙都不停说笑,弄得提姆心烦意乱,根本没办法专心工作。因此,提姆和这位同事在一起的时候,主要赞赏语就不是服务行为了。如果这位同事想来帮忙,他就会说:"谢谢你,我已经做完了。"

　　我们希望通过这些例子说明，一个人的赞赏语言是受性格影响的。这里还有一个遗留问题：那位爱讲话的同事怎么能知道，当和他在一起的时候，提姆的主要赞赏语就不是服务行为呢。毕竟他看过提姆的测评结果，也真诚想要用帮助来赞赏提姆？我们的建议是：你要赞赏某个人前，先问"我这样做对你有帮助吗"，如果对方不止一次地回答"谢谢，不用了，我自己能搞定"，你就该明白，这个人和你在一起的主要赞赏语不是服务行为。

　　这种开诚布公的方法适用于所有赞赏语言。如果你推测一个人的主要赞赏语是肯定言辞，你可以这样问："如果想让你知道我赏识你的工作，是否该首选肯定言辞呢？"如果对方的回答是肯定的，你就可以说出对他的赞赏之词。如果对方选择了别的赞赏语，你一定要记住：他绝对比你更了解自己。按照他喜欢的方式来赞赏他。如果你发现称心礼物是他的主要赞赏语，可以这样说："我在达拉斯的时候，给你买了一件小礼物，想以此来告诉你，我是多么感谢你对公司的贡献。但如果你不喜欢接受礼物，我也可以送给别人。你觉得呢？"因为你这样问了，即便对方的主要赞赏语不是称心礼物，也会收下，因为你真诚地表达了对他的赞赏。你这种坦诚的询问让对方感受到了真诚。

　　我们之所以写这一章，就是想说明，当你发现在某种环境下或和某些人在一起时，你的主要赞赏语发生改变了，千万不要觉得奇怪。当然，你看到同事的赞赏语变了也不要奇怪。这并不是说关于主要赞赏语、第二赞赏语和最不受重视的赞赏语的概念是无效的。我们应当接受生活的多样性，毕竟我们是人，不是机器。

希望你了解自己内心的感受，同样也对同事的反应保持敏感。生活是千变万化的，人也同样。卓越管理者了解他的下属，敏感于他们的变化，能根据变化做出适时调整。因此，这一章讨论的问题，再次强调了定期组织人们进行赞赏激励方式测评的重要性。通过主动了解，你可以及时掌握人们第一、第二赞赏语的最新动态，以及他们喜欢的行为方式的变化。

爱语和赞赏语之间的关联

对于那些熟悉爱的五种语言并参加过爱语测试的人来说，总是会对爱的语言和赞赏语言这二者的关联产生兴趣（可参阅《爱的五种语言》一书）。常常有人问我们："一个人的爱语和赞赏语之间有什么关系吗？它们相同吗？二者之间有某种联系，还是完全不同？"

首先，我为没听说过《爱的五种语言》的人简单介绍一下本书的写作背景。我（盖瑞）在做婚姻辅导的过程中，发现夫妻二人在爱的表达方式上往往很不相同。多年下来，我积累了一些数据，发现这些表达爱的方式可以大致分成五类，也可以说是五种"语言"。于是，我将自己的研究成果和一些实际应用方法写成书，名为《爱的五种语言》。后来，我们发现这些表达亲密和爱的方式还可以应用在其他人际关系领域，并与罗斯·甘伯合作写出了《儿童爱之语》（*5 Love Language of Children*），和《青少年爱之语》（*5 Love Languages of Teens*）以及《单身爱之语》（*5 Love Languages Singles Edition*）。20多年来，这些书在社会上产生了极大的反响，有些被译成40种语言，销量达600万册。后来，同样的理论被应用于重建关系上，我和詹妮弗·托马斯合著了《道歉的5种语言》（*5 Language of Apology*）。

大家肯定要问："亲人之间的爱语和同事之间的赞赏语，有怎样的联系呢？"关于这一点，我们有三个方面的信息来源，因此要从三个角度来回答：第一，人类行为理论；第二，多年来关于五种语言的辅导经验；第三，客户的反馈信息及初步的研究数据。

关于人类行为的研究，有两个具有普遍意义的结论：（1）若非生活遭遇重大变故，人的普遍行为一般不会改变；（2）人的个别行为会根据环境和接触对象而改变。"性格"概念是建立一种共识上：每个人都有一定的行为和交往模式，这些模式是可预测的，是一个人的基本特征。当然，一个人的具体行为可以根据他交往的人（配偶、孩子、上司、朋友或父母）而有所不同。

我们可以说，在不同的时间和环境下，一个人感受鼓励、赞赏和爱的方式以及表达方式往往是相似的。但是，我们也可以想到，很多人因交往的对象、关系的不同，会采取不同交往方式，喜欢的赞赏方式也有所不同。

关于如何理解爱语与赞赏语之间的关系，第二个信息来源是我们多年来关于五种语言的辅导经验。在我们俩人中间，查普曼博士对于亲密关系的爱语了解较多，而怀特博士对于工作场合的人际关系及赞赏语了解较多。我们二人的研究领域不同，却得出一个相同的结论：在不同场合或面对不同人的时候，人们在接收和表达此类情感的方式上的偏好，总会有某种程度的关联或者重合。同时我们也发现，人们在不同场合或面对不同人的语言偏好，总是有变化的，甚至可能在他们最重视语言和最不重视的语言之间转换。

我们的客户和一些参加过培训的人也同意上述结论。他们认为自己在工作场合的赞赏语和他们的爱语，有很大程度的关联，但又不是完全重合。

贝茨是一所中学的教学组长，她说："不管是在家里，还是在学校，表扬对我来说都是很重要的。所以，肯定言辞是我的主要爱语和赞赏语。但是，当我与丈夫在一起时，精心时刻就更为重要了。"

克雷斯是一家公司的审计师，他说："我在公司和在家都是一样的。当然，我希望从妻子那里感受到爱的方式，完全不适用于工作场合。所以，我还是认为，自己的爱语和赞赏语是不同的。"还有一些人说，他们的主要爱语和主要赞赏语是相同的，次要的语言会根据环境有所变化。

我们在针对一所大学全体教职员工的研究中发现：只有38%的员工在工作场合主要赞赏语和在家中的主要爱语完全相同，大部分人的主要爱语和赞赏语都不同。然而，当我们更仔细地研究测试结果时发现：69%员工的主要爱语要么是主要赞赏语，要么是第二赞赏语。这就是说，如果精心时刻是他们的主要爱语，那么在工作场合，精心时刻要么是主要赞赏语，要么是第二赞赏语。反过来也同样如此。如果某些人的主要赞赏语是肯定言辞，那么有67%的人的主要或第二爱语是肯定言辞。这个结论和我们之前的看法及得到的反馈完全一致。

因此，我们可以得出结论：一个人的赞赏语言会根据人生的变化、不同阶段以及交往的人而发生变化。一个人在生活中的爱语与工作中的赞赏语会有一些共同之处，但是在大多数情况下，会根据环境的不同而有所不同。

开始应用

1. 你是否记得因某种生活变故，你的主要赞赏语发生了改变？发生了什么样的变化？

2. 在你遭遇生活变故或艰难时，同事是如何支持你的？你认为他们的支持有帮助吗？

3. 如果你的主要赞赏语发生了改变，或者表达赞赏语的方式发生了变化，你会主动将这些变化告诉同事吗？

4. 当你不喜欢某位同事向你表达赞赏的方式时，你能敏感地察觉到吗？

5. 对于现任主管和前任主管，你是否希望他们向你表达赞赏的方式一样？为什么你这样认为？

第 14 章

战胜挑战

本书关注的主要问题不是"你是否赞赏同事或下属",而是"他们是否感受到赞赏"。根据我们的经验,成千上万人认为自己在一个"缺少赞赏"的环境中工作,而他们的同事和主管却并不知道。主管们只是期待员工用令人满意的方式来做好工作,却没有注意到这些员工缺乏热情,远远没有发挥全部实力。

如果说赞赏和鼓励人们是一件很容易的事情,那么所有人都应该工作很愉快,我们也没有必要写这本书或设计赞赏式激励的具体方式了。但事实是,在向人们表达感谢和赞赏方面,我们遇到重重困难。有些困难源于内部因素,例如我们的态度、思想和信念;有些源于外部因素,例如公司结构和流程等。

面对这些问题,我们既要现实又要乐观,相信这不是攻克不了的难关。下面我们逐一分析一些常见困难,并给出关于攻克这些困难的建议,帮助大家营造良好的工作氛围。

挑战一:忙碌

我们与各机构合作的时候,发现员工很少互相表达赞赏的首要原因是,大家都很忙碌。不论是公司经理、普通员工还是志愿者，都忙得不可开交、累得筋疲力尽。还有谁能闲坐一旁，努力想下班后干些什么好？为什么会这样呢？我们认为至少可能有以下几个原因：

（1）工作安排得太满，不容被打扰，没有时间思考或预备即将到来的挑战；

（2）经理、客户的要求过高，或人们自己的期望值过高；

（3）全球经济危机造成的压力。

无论什么原因，忙碌本身就是赞赏式激励的主要障碍。如果希望员工能赞赏别人，他们至少先要有空闲观察周围的人，要有心情去考虑和计划如何具体赞赏某位同事。没有空闲，没有精力，没有心情的话，这一切都是空谈。

战胜忙碌

战胜忙碌的第一法宝是分清主次。有些事情的确比其他事情重要。如果我们不先考虑最重要的事情，即便在其他事情上投入再多时间和精力也是白费。

我们强烈向你推荐史蒂芬·柯维的《要事第一》和《高效能人士的七个习惯》。这两本书会帮助你认识到，什么是工作中最重要的事情，帮助你把它们安排到每天或每星期的日程表当中。如果最优先事情没能排进我们的时间表，怎么能谈得上重要呢？柯维将事情划分为"重要和不重要、紧急和不紧急"，这种划分方式对个人生活和职业发展有很大帮助。

我们相信老板、经理花时间赞赏同事、下属是一项重要的工作，会给公司带来丰厚回报。但是，对大多数经理来说，赞赏员工通常显得不那么紧急。如果你不是刻意计划去做一些事情，那些紧急但不重要的工作，就会很快取代赞赏员工的位置。

挑战二：赞赏无足轻重

有些企业领导人听到赞赏语和赞赏式激励理念时，想都不想就说："这种方式对别的公司可能有用，但在我们这里是不会奏效的。你见过哪个建筑工人把谢谢挂在嘴边、关心别人的感受？"这种反应并不罕见，金融、零售、餐饮以及汽车维修等行业的很多人都会这么说，甚至"世界500强"企业里也有人这么说。但我们的调查研究结果表明：这种非物质赞赏方式对各行各业的员工都会产生积极影响。

根据我们的调查，能否推行赞赏式激励与行业的关系不大，而与企业主要领导人、各级经理的观念有很大关系。如果老板根本不重视赞赏员工，就看不到有向员工表达赞赏的需要。这种观念如果不改变，员工只能在毫无感谢的环境里默默地期待。

战胜"赞赏无足轻重"的观念

我们发现，不论经济形势和公司财务状况如何，赞赏式激励在任何一种工作环境中应用都会取得成功，只要企业管理者认识到：员工们若能感到为公司付出努力和贡献被重视和赞赏，将会带来多大的改变。

每家公司都有重视赞赏的领导人，也有对此不以为然的领导人。重视赞赏的领导人一听到赞赏激励方式及表达赞赏的概念，就迫不及待地开始试行。甚至有些被称为是"硬汉行业"（制造业、建筑业）的企业领导人，把赞赏式激励引入公司文化后，我们也同样看到员工对企业的忠诚度和满意度增加、流动率减少，企业也因此获得了更好的效益。

有一家公司的执行经理最初不重视对员工的赞赏，后来转变了想法。我们第一次和他谈起赞赏式激励时，他说："我不在乎他们在工作中的感受。他们只想多挣钱，所以我们设立了一个奖励机制：只要做得好，就多拿奖金。"经历了全球金融风暴后，这位经理跑来找我们说："如果你们知道怎样不发更多钱就能激励员工，请告诉我！我们现在就用起来吧。"

挑战三：被现有责任压垮

当我们和非营利机构的志愿者谈起这个理念时，一位职员痛苦地抱怨道："我赞成这种赞赏方式，这个想法的确很好。但是，想到我还要去考察每个人的赞赏语和最适合的方式，我就感到崩溃。现在要做的事情已经让我不堪重负了。"她这种直言不讳的方式很好，我们也很理解她。

这种无力感要比忙碌的影响更大。管理者除了手上的具体工作外，还要承担沉重的责任。有些人对压力很敏感，不论对眼下，还是想到未来，他们都感到压力重重。他们会觉得赞赏员工是另一幅肩头重担。这时，如果有人强迫他们接受赞赏激励方式测评、考虑表达赞赏的方式，他们会非常抵触。所以我们通常要求公司鼓励大家自愿参加测评。

战胜无力感

这听起来有点像是心理学家的话：当一个人感觉快要崩溃时，最好的回应方式，就是告诉他你明白并接纳他的感受。你可以模仿心理治疗师的口气说："哦，看来你的确快要崩溃了。"然后，耐心听他讲自己的感受。

这时，如果你说"其实情况没有那么严重。这也是你应该做的嘛"，情况肯定得不到改善。领导人一味坚持自己的想法、忽视员工的感受时，往往让员工更抵触甚至愤怒。其实，如果领导肯听，员工倾诉完自己的感受后，也许会说："唉，这确实不是什么大事。我只是想发泄一下罢了。我也希望赞赏我的同事。"还有一种情况是，下属可能没完全理解你的意思，他们只是基于自己的理解来回应，而不是你的本意。所以，你需要澄清自己的观点，说："关于你具体需要做什么，我想再确认一下你是否都明白了。"这种方式可以降低抵触心理。

还有一些人，他们的确想选择现在暂时不执行这个赞赏方式。如前面所说，要鼓励人们自愿参加测试，而不要由上而下强迫大家参加。只有这样，他们才能发挥更大的影响力，他们为赞赏别人而付出的努力，也不会被认为是"迫于要求"。有人也许开始的时候对赞赏激励方式毫无兴趣，两个月后可能又想参加了。我们不愿意强迫别人做他们不想做的事情，只是想帮助那些真心希望赞赏和鼓励同事的人找到更有效的方法。

挑战四：公司结构和流程妨碍有效沟通

在一次员工培训后，我们用鼓励性的邮件来跟踪学员们的推行情况。一个员工回复邮件说："我很想去鼓励詹娜，但是整整一个星期都没见到她。我们在不同的时间段上班，很少机会碰面。即便时间段碰上了，我俩也不在同一个工作区域。所以，我几乎没有时间和她交流。"

有时候，的确有一些行政安排的因素妨碍员工相互赞赏，例如不同的上班时间、缺少沟通机会、参与不同的项目、不同的休息时间等。

有些公司的结构也会妨碍有效沟通。一些在大公司工作的人说，有些经理手下管理着十几号人。显然，管理的人越多，就需要去了解越多人的赞赏语，分配给每个人的时间也就越少。

还有另一种情况：一名员工有两位上司。之所以会出现这种情况，是因为这名员工承担了两个部门的工作。理想的状态是，两名主管都关注、赞赏这名员工，但实际情况往往是，两个主管都忽略了自己的责任，产生了真空现象。

战胜公司结构和流程上的挑战

公司结构上的问题往往是比较难解决的，涉及很多方面。它不是一个独立的问题，而是系统问题。要想解决这个问题，需要公司高层领导出面，和各部门主管一起解决。在赞赏这个问题上，真正要解决的题是："在这种情况下，如何持续地鼓励和赞赏钱特尔？谁最适合与她沟通？"

要想回答这个问题，需要先突破"谁向谁汇报工作"的既定模式，找到真正有机会观察钱特尔工作、并向他表达赞赏、并且钱特尔也愿意交流的人。这才是最重要的。

对于管理很多人的主管来说，我们发现，帮助他们找到一两个对象，首先开始向他们表达鼓励和赞赏会十分有效。等到对这一两个同事的鼓励和赞赏成功后，再选另外几个人。可以首先选本部门工作最得力的人，如果他们陷入失望，会对公司造成极大损失。也可以选择近期遭受过挫折的人，或者和主管缺少沟通、急需关注的人。从庞大的队伍中选一两名开始行动，要比面对所有人却无从下手好得多。

挑战五：天生不喜欢赞赏别人

这种情况通常有两种表现形式。

第一种，有些传统企业的老板和经理认为："我为什么要感谢他们呢？我不是付给他们工钱了吗？"持这种观点的人，通常都是些高级经理，或自认为是个人奋斗成功的人。他们在艰苦的环境中长大，缺少家庭支持，靠自己的勤奋、坚韧和毅力取得了成功。他们性格刚强，很少关注人际关系或感情交流。他们视责任为美德，对于自己的付出从不要求得到感谢和赞赏。他们认为自己只是做了应该做的事；因此，也看不到赞赏对其他人有什么意义。

有些年轻的专业人士也持同样的观点。我们就遭到这样一些聪明勤奋的年轻精英们的反对。一位年轻女士说："我是那种做事主动、凡事尽心尽力的人。我做我该做的，不需要谁来表扬我。这无关紧要。"

第二种，有些领导人不习惯和人进行私下的、情感上的交流，不喜欢表达对人的赞赏。这些领导人关注事实和任务，他们一般都是生产企业的优秀领袖，除了任务完不成时会愤怒和感觉挫败，不会有别的情绪。虽然他们有时也会显得很开心，但关注的只有事实，而不是感受。他们很难表达对别人的赞赏，即便要表达，也是就事论事。他们的评论通常非常简短："谢谢！""做得不错，阿曼达！""做得很好，马库斯！"然后，就开始下一个目标。

这些人感情通常不太丰富，他们即使心存感谢，也会不轻易将感谢的话说出口。因此，除非是迫不得已，他们很少向员工表达赞赏。

战胜自己

天生不重视赞赏的人，可能永远不会改变自己的观点。有些人的思维一旦形成定势，很难吸收新观点。试图改变这些人只能浪费时间和精力，让人很挫败。

然而，有些人却愿意"聆听事实"。研究表明，向员工表达赞赏，能降低员工流失率，提高客户满意度，还能提高生产效能。一旦经理看到赞赏员工的好处，他们就会对此满怀热情，努力营造相互赞赏的工作氛围了。

具体的操作方式，请参考书后所附的"赞赏小窍门"中的"男人不需要鼓励（错！）"一文。

还有一些领导人抱着尝试的态度，甚至想证明这种方法完全无效。我们相信，哪怕企业只是试着参加赞赏激励方式测评，让员工相互分享测试结果，大多数员工就会主动开始互相赞赏，工作积极性就会因此提高。只要领导人看到了这样的变化，就会鼓励其他部门也参与进来。

第二类不愿意赞赏别人的人，往往是性格内向、缺乏社交技能、不重视人际关系的人。他们需要找到适合自己的赞赏鼓励方式。执行的时候，这些人还需要有人安排、鼓励和监督，确保他们坚持下去。他们需要像婴儿学步那样学习鼓励和赞赏，有时可能尽了全部努力却只迈出一两步。你要及时赞扬和鼓励他们，因为他们已经在努力超越自己。别忘了，你想鼓励他们的时候，要用他们赞赏的语言。

挑战六："古怪因素"

在推行赞赏语言时，我们遇到了一个有趣的挑战，我们称之为"古怪因素"。说它古怪，是因为每当大家听过赞赏式激励介绍后、开始制定具体实践计划时，就会有人说："我同意你们的观点，也想在工作中这样做。但是，我仍然觉得这样做有点怪，因为我们以后在相互鼓励和赞赏时，都知道这是培训的结果。我觉得这种做法有点假。"然后大多数人都会点头表示有同感。

这里有两点需要说明：首先，开始用一种新方式与同事交往，的确是一件让人不太舒服的事情，而且大家心知肚明，这是因为赞赏语的培训。这种心态下，有些人会因为担心别人说自己假惺惺而犹豫不决。"他们会说，我这样做是公司的要求罢了。"这种说法我们时常听见。

其次，担心对方觉得自己不真诚，或者说自己"这样做是为了讨好老板"。如果我们言辞不谨慎，的确容易出口伤人，质疑同事做事的动机。

所以，这种"古怪感"是主动赞赏的人和被赞赏的人内心都存在的。如果任凭这两种思维模式存在，不加处理，就别想

推行赞赏式激励了——每个人都因担心别人觉得自己不真诚而
退避三舍。

战胜"古怪因素"

我们发现一些简单步骤可以减少古怪因素的影响。首先，承
认这种因素的确存在。我们在帮助小组成员设计表达赞赏的行动
步骤时，即使没有人提出这个问题，也会声明说："我们发现，
每次探讨这些问题的时候，大家总会觉得这种设法相互鼓励的做
法有点别扭。"一旦把话说开，你会发现人们的紧张感立刻减轻
了很多。

第二，我们借鉴自己以前的经验。每当人们尝试新的方法
或不同的方式时，总会觉得有些古怪或别扭。万事开头难！（这
样的例子不少，像学习运球、尝试新的击球方法、改变室内家具
的摆放、换新发型、以及开始一项新的健身运动等。）我们鼓励
大家，要理解并接受最初这种别扭的感觉，坚持下去，过不了多
久，这种别扭的感觉就会消失了。

第三，还有一些实际的做法，能帮大家战胜这种最初的古怪
感受。你可以在赞赏别人时用这样的开场白："你可能会认为我
这样做是因为我参加了赞赏式激励培训，但实际上……"把大家
担心的事情摆在前面，通常会使这个问题淡化。还可以用些幽默
的方式缓和气氛。两个接受过赞赏式激励培训的人互相鼓励时，
我们通常建议被鼓励的人这样说："谢谢，我感觉真不错，终于
有人重视我、赞赏我啦！"（说的时候要面带微笑，不能用讽刺
的口吻。）当你持这种态度时，大家用到在培训中学到的各样赞
赏语时就不再尴尬，而是欢声笑语一片。

最后我希望，大家在具体实施的时候，请相信他们的赞赏是真诚的。坦诚地说，接受一个新观念并在日常工作关系中应用是需要勇气的。因此，当同事愿意尝试时，我们要为此感恩："太感谢了，至少他们还愿意尝试！"这种心态会让大家的交往更积极。

在追踪培训中，我们不止一次听到人们这样说："开始的时候，我的确觉得这种方式很别扭，甚至有点娘娘腔。但后来，尽管知道同事说的和做的都是培训的结果，我还是感觉挺好的。我喜欢他们表达赞赏的方式。"（关于这一主题的详细描述，请参考附录"赞赏小窍门"中的"承认并面对古怪因素"。）

小结

如果我们说赞赏式激励操作简单，绝对能适用于任何人和任何工作环境，那我们是在撒谎。事实显然并非如此，有些人要从零开始学习鼓励他人，有些单位固有的模式，让人们相互表达赞赏困难重重。

然而迄今为止，我们从未遇到过完全无法推行赞赏式激励的公司或机构。我们遇到的困难，有时需要我们更有创意，付出更大努力，但并不是不可克服的。我们相信，努力让一起工作的人更有效地表达赞赏，这种付出是值得的。

开始应用

1. 请用0～10分评估，忙碌对你赞赏同事的妨碍有多大。如果忙碌是你目前的主要障碍，你会考虑将有效赞赏同事作为接下来的6个月中最优先的事情吗？

2. 请用0~10分评估，你认为赞赏式激励对改善工作氛围的效果有多大？如果你认为自己很受鼓舞，如何鼓励其他人也参与呢？

3. 你是否认为你的公司完全没法推行赞赏式激励？为什么？你是否愿意跟某位同事谈谈赞赏式激励的概念，然后听听他的想法？

4. 请用0~10分评估你目前的工作压力。如果你觉得压力很大，感觉自己几乎崩溃，你现在可能不适合开始赞赏式激励。你是否愿意考察某一位同事的主要赞赏语是什么，试着赞赏他？

5. 你是否认为公司构架或流程妨碍员工相互赞赏？如果是，请参考本章建议，克服这些问题。

6. 请用0~10分，评估你是否喜欢向同事表达赞赏。你因为什么而对赞赏别人感到不舒服呢？你想要怎样改变呢？请记住，千里之行始于足下，勇敢迈出第一步吧！

第 15 章

如果你根本不赞赏你的同事?

曾有一个机构的领导人这样问: "如果我真的不欣赏那些
为我工作的人,该怎么办?"听到这句话,我们的第一反应是:
他在开玩笑。他接下来说的话表明,他是认真的。他说: "这是
真的,如果我对有些员工的工作不满意,不喜欢他们,该怎么
办?"我们发现,若一个人不感谢他的团队成员,可能有内外两
方面的原因。内部原因是他自己的问题,外部原因则是工作中的
各种情况使他很难向某个人表达感谢。首先,我们来看内部因素。

解决自己的问题

我们对合作的同事缺乏感激与赞赏,很大程度是因为对他
们有不现实的期望。由于各种各样的因素,有些人的期望值非
常高,其中有些对自己的要求很高,有些则是对别人的要求
高。对自己期望值高的人可能有些自负,也可能有些自卑。如
果他们总是能实现目标,就会感觉良好,甚至骄傲,否则就很
容易灰心失望。他们对自己说: "我根本没有努力,所以才会
有这种结果。我本应该比现在做得好。"他们苛求完美,常常
觉得自己很失败。

对别人要求高的人常常对人怀有不切实际的期望。因此，不管别人做什么，他们总觉得不够好，不满意。他们求全责备，不断要求别人做得再好一点，再快一点，再节省成本一点。

有些人对别人要求高，是因为自己很成功。他们有的是老板、经理、同事、客户或供应商，但都在自己的岗位上表现出色。他们工作很有动力，也要求其他人步其后尘，让人压力很大。

另一方面，有些人对别人要求高，是因为性格挑剔。他们不一定成功，但自视很高。这种人求全责备，人际关系都不太好，原因只有一个：没有人喜欢不断被挑剔（如果你是这种人，我们建议你尽快找一个有经验的顾问，帮助你认清自己，知道自己为什么挑剔，以及如何改变这种不良的交往方式）。

如果你发现自己常常对下属的工作感到不满，先不要主观地认为自己只不过是严格要求下属。明智的做法是，先反省自己，看看自己是否对人有不切实际的期望。我们建议你找一个能诚实回答你问题的朋友，问对方："你认为我对周围的人有不切实际的要求吗？请告诉我你的真实看法。"建议你找两三个要好的朋友，问同样的问题，认真思考他们的回答。如果大家都认为你是一个苛责的人，那你就很难鼓励别人，因为没有人能让你满意。如果这样，解决问题的唯一办法就是你降低标准，由衷地为下属们所付出的努力而赞赏他们。

第二个妨碍我们赞赏别人的原因是，对方总惹我们不高兴。我们对某些人不满，不是因为他们工作不努力，而是因为性格差异。有些人太能说了，我们看不惯；有些人太沉闷了，我们看不惯；有人的桌上总是杂乱无章，或经常迟到，我们看不惯；甚至有些人整日乐呵呵的，我们也看不惯。

你对有些人不满，可能是因为你看不惯他们的做事方法。的确，有些人的做事方法和我们简直是南辕北辙。也许你最看不惯的是：有人居然一边工作一边听音乐，怎能这么不专心！也许有些人的穿着打扮让你看不惯，以你的眼光，他们的着装很不得体。还有些人的生活方式和你的不一样。你无法理解他们为什么要带鼻环，为什么绣纹身，为什么一头乱发。年龄上的代沟也会让我们不满。中年的单亲妈妈最反感那些年轻的、自以为是的小伙子。

在人际关系中，有许多使人产生矛盾的因素，这是很正常的。人和人本来就不一样。但是在工作场合，我们首先要考虑的是："他们的工作令人满意吗？"如果他们的工作令人满意，即使你不喜欢那个人，也是可以真诚赞赏他们的；否则，如果你是主管，首先要解决他们工作上的问题。

实际上，我们永远无法改变别人的性格特征和生活方式，不可能每个人都和我们一样。我们需要学会接纳别人的不同之处，学会鼓励那些工作认真、但有些行为让我们看不惯的人。

第三个妨碍赞赏的因素是，领导人对个别员工缺乏了解。有些领导人很难赞赏不向他们直接汇报的员工，因为他们不了解他们的职责。这主要是由于公司内部信息沟通不畅。罗伯是一名主管，他说："我真不知道克里斯每天都在忙什么，只是看到他一会在这里，一会又在那里。他是负责计算机的吧，怎么不老实待在自己办公室里呢？"

莎莎是信息部门的主管，向罗伯解释说："克里斯是网络管理工程师。他的首要职责是确保每个人都能顺利登录上网，发送信息没有障碍。你之所以看到他东游西逛，是因为有些人的网络出了问题，他必须到每个人的座位上去，了解情况和解决问题。他在做自己应该做的事情，而且做得很好。"

"哦，那我明白了。这太好了！"罗伯回答道，稍有些不好意思。

如果你对其他部门员工的工作产生疑问，最明智的做法就是去找到他的直接主管询问。你也许会发现你的疑问源于不了解情况。两天后，罗伯在走廊里遇见克里斯，对他说："克里斯，我听莎莎说你工作很认真。谢谢你为公司所付出的努力。"克里斯听到这些，感觉很受鼓励。罗伯花时间去了解事实，他就能真诚地向克里斯表达感谢了。

除了以上谈到的，可能还有其他原因妨碍一个人真诚地赞赏别人，但是以上三点是最常见的因素。下面我们来谈谈外部因素。

员工的表现欠佳

有些管理者对下属不满并非毫无道理，确实是有一些客观因素——员工的确表现不好。有些人工作不够尽职尽责，常常达不到标准。

有很多因素会导致员工不尽职，我们发现其中最常见的主要有三个。第一个因素是，员工的个人生活出现了问题。若某个人正考虑离婚，他的工作表现往往不好。还有，若某位员工的子女触犯法律或染上毒瘾，他的工作表现也会受影响。单身员工和恋人分手也会影响工作。

员工身体不好的时候，工作会受到影响。有些员工可能长期忍受着某种病痛的折磨，一直在接受治疗。对他们来说，工作是很大的挑战。

有些员工是工作伦理观念的问题。他们只做自己分内的事，多一点都不做。这些人工作目标只是能养家糊口。

想要找到员工表现不好的原因，唯一的办法就是直接询问。很多经理不愿意与人发生冲突，只能一直忍受员工糟糕的工作表现，甚至长达几个月。遗憾的是，这样一味地忍耐解决不了问题，反而让经理越来越感觉挫败。在这种情况下，经理怎能对员工表达感谢和赞赏呢？

我们的建议是，经理应该和员工开诚布公地谈谈，既要有友好的态度，也要开门见山。你可以这样说："詹妮，我发现最近几周你好像有些心不在焉，我很担心。我知道这不是毫无缘由的，所以想和你谈谈。你遇到了什么事影响工作吗？如果真是这样，我能帮你做些什么？"这种关心的态度会让员工说真话。

了解员工的真实情况后，管理者就可以着手帮助他们解决问题了。一个经理和行政助理谈话之后，发现助理的儿子染上了毒瘾。于是，经理帮忙找了一家价格公道的戒毒机构。这不但加深了她们之间的友谊，也帮助理能更专注地工作。助理的工作表现有了明显改善，经理就能真诚地赞赏员工，反过来助理也会给予经理最真诚的感谢。

影响员工工作表现的第二个因素是，员工没有受到足够的专业培训。依我们的经验来看，这也是员工工作表现不佳的普遍因素。主管们一开始会认为员工已经具备相关的知识和技能，或者他们会在工作中不断提高，一般要经过几周或几个月才发现，情况并非如此。主管们会忽视这个问题，因为他们理所当然地认为，人事部门早已充分了解这个员工。实际上，没有哪个新员工一上岗就完全掌握必需的技能和知识。

当主管意识到员工没有掌握足够的信息或技能时，最好马上开始行动，为他们提供培训。培训方式有很多种，包括让技术熟练的老员工带着新员工一起工作几天，也就是在岗培训，也包括要求新员工利用业余时间自费参加学习班。如果员工不愿意接受培训，在我们看来，除了解聘之外，就没有别的办法了。

大多数人为了保住自己的工作，都是乐意接受培训的。员工经过学习，工作技能不断提高，主管们就可以真诚地赞赏员工了，同时员工也会因鼓励而备受鼓舞，更加主动地提高自己。

员工表现欠佳的第三个因素是，公司缺乏有效的考评、反馈、指导和纠正制度。我们在和企业合作的时候，发现企业里最常见的问题就是，没有建立有效的绩效考评和指导机制，不能定期评估员工的表现，给他们反馈并提供指导。这种情况下，领导人和员工其实都倍感挫败。

每个人在工作上都有成长的空间。其实，主管和下属之间需要定期沟通，看看哪些方面做得比较好，哪些方面有待提高。缺少这样的考评机制，主管和下属之间就很难有机会进行有效沟通。

缺少沟通，主管对下属的表现不满时，就很难真诚地向员工表达赞赏。他们对员工的表现感到失望，但因为没有考评和反馈，日久天长，主管会越来越失望。员工或许不知道主管对自己不满，但他们从主管那里得不到丝毫鼓励。

如果你的公司没有这样的评估机制，我们建议你和直接领导人谈谈。向他介绍赞赏理念，并请他再向上级介绍。对于员工们非常关注的问题，聪明的领导人都会乐意倾听并考虑采纳下属的意见。

与此同时，作为员工，可以直接去找主管，请他谈谈对自己工作的看法。你可以这样问："您认为我在哪些方面做得好，哪些方面还有待提高？"这是一种很积极的做法。员工可以用这种非正式的方式了解情况，尽早调整改进自己的工作。如果员工主动询问，大多数主管都愿意给予回应。当他们看到你努力做出改变，就会愿意真诚地赞赏你。

另一方面，若对员工的表现不满，主管同样可以采取非正式的形式和员工交流。可以这样说："关于怎样更好地完成你的工作，我想听听你的意见。"员工说的时候，你要仔细听，弄清楚他们表现不好的原因。如果他们的建议很有道理，一定要采纳。在谈话的过程中，你可以从关心的角度，诚实地讲出你对他工作的观察以及如何提高的建议。

我们说的是，如果一个公司暂时没有考评、反馈和指导机制，员工和领导人都可以通过非正式的方式进行沟通。一旦员工听取意见并改进了工作，你就可以真诚地表达对他们的赞赏了。

不要勉为其难

我们发现，鼓励员工和管理者赞赏激励方式测评，常常能发现其他需要注意的问题。实际上，我们常常向主管们强调，在无法真诚赞赏员工时，一定不要勉为其难。很多人对这种很勉强的形式主义做法很敏感。如果你的赞赏缺少诚意，仅仅是出于形式，反而会严重破坏上司和下属的关系。

这种情况下，不如耐心等待并努力寻找无法真诚赞赏的根源。如果主管认为问题出在自己身上，就一定要反思，看看究竟是什么妨碍自己真诚赞赏别人（具体请参见本书附录"赞赏小窍门"中的"赞赏引发的问题"）。

如果主管认为不能真诚赞赏的原因属于外部问题，他可以按照我们前面的介绍，向员工提供帮助：直接了解员工的个人生活，给员工提供培训，或定期针对员工的工作给予反馈，或提出建议。

最后的建议是：在今天的商业社会里，个性化教练已经很流行，可以帮助主管们分析和解决人际关系方面的问题。一个高水平的教练可以帮助管理者评估他们的期望值是否过高，帮助处理他们和员工的关系问题。借助这些专家的帮助，管理者处理人际关系的技能会得到强化和提高。

开始应用

1. 你是否发现要真诚感谢和赞赏某位下属非常困难？

2. 如果你是一名普通员工，是否发现很难真心赞赏某个同事？

内部因素

3. 将你不愿意赞赏的同事姓名写在一张纸的最上方（如果你不想赞赏的人不止一位，可多写几张纸）。通过回答以下问题来思考，你不愿意表达赞赏是否因为内部因素：

(1)你是否对该同事存有不切实际的期望？

(2)是否因为你看不惯他？如果是，他哪些地方让你看不惯？

- 这名同事是否能改变让你看不惯的地方？

- 你能按照他本来样子接纳他吗？你能不计较自己的感受，仅从工作表现方面肯定他吗？

(3)你不喜欢这位同事，是不是因为你对他的工作不了解？如果你的回答是肯定的，你如何可以更多地了解他？

外部因素

4. 你是否认为自己无法真诚赞赏某位同事，是因为他的工作总是不尽如人意？如果你的回答是肯定的，你是否愿意和他推心置腹地谈一谈，看看他到底为什么不能认真工作？

5. 是不是他没有得到足够的培训呢？如果是这样，你将采取什么步骤帮助他？

6. 如果你们公司没有完整绩效考核、评估和指导机制，你将如何采取正式的和非正式的方式给公司提出建议？

7. 如果你是一名领导人，是否考虑过请专业培训师来帮助提高领导力技能？

第 16 章

总结：健康的工作氛围

不管你在公司处于什么位置，向同事表达赞赏和感谢，都会对公司带来积极影响。我们当然并不是说，感谢和赞赏是万能的，能解决工作中的所有问题和挑战。

我们认为，健康的工作氛围有一些很鲜明的特征，包括：

- 高素质的员工；
- 有效的沟通技巧和促进定期沟通的机制；
- 相互信任的关系；
- 共同的理想和目标；
- 标准化的运营模式，包括明确的目标及监控；
- 用积极方式纠正错误和解决冲突；
- 权责明晰，奖罚分明。

一家公司越接近以上特征，就越容易实现其既定目标，员工工作也会更加愉快。

我们明白，没有哪家公司是完美的，每家公司都有其强项和弱项。但我们也发现，当员工积极地互相赞赏和鼓励时，自然会出现一些好的现象：

- 同事之间的沟通更加积极；

- 人际关系中的矛盾逐渐得到化解；
- 员工或志愿者认为工作氛围变得更好；
- 高素质的员工或志愿者愿意留在公司；
- 工作质量显著提高；
- 客户的满意度提高。

赞赏，维生素和抗生素？

让我们用一种很形象的方式，和你分享赞赏和鼓励在工作场合人际关系中的作用——不断鼓励（陪伴团队成员并鼓励他们坚持）和赞赏（肯定他们的工作成绩、价值和表现出来的品质）对员工的工作，就像维生素和抗生素对我们的身体。

这两种化学物质都有助于我们保持身体健康。定期服用维生素是一种主动的做法，有助于提高免疫力；而受伤时服用抗生素，能够防止感染。这两种药物对我们身体的功效各有不同。

维生素和抗生素各有一些有趣的特点。首先，用来制造维生素和抗生素的化学原料药效都不是太强，特定的剂量刚好能满足身体的需要（有些抗生素的药效很强，但这只是例外）。偶尔服用维生素，即使一次服用一大把，对你的身体影响不大，但坚持服用一定的剂量一段时间，就会有很好的效果。每天坚持服用多种维生素，一段时间以后，它就提供充足的化学物质，帮助建造一个强壮的身体。同样，当你受伤感染，需要重复服用抗生素才能使伤口愈合。

第二，为了保持健康，每个人需要的维生素种类不同，剂量也不同。从来没有一种维生素能满足所有人的需要。有些人需要增加叶酸，有些人需要补充B_{12}。同样，也没有一种抗生素能杀死引起感染的所有细菌。某种抗生素能防止皮肤伤口感染，某种抗生素则专门用来治疗咽喉炎。所以，根据病情正确服用非常重要，否则，身体就得不到必需的营养素支持有效的治疗。

最后，维生素和抗生素都没有神奇疗效，人们很容易忘记服用维生素，或擅自停用抗生素。一天两天忘记吃没有关系，但是长时间不服用你需要的维生素，或擅自停用抗生素，你的健康就会受到影响。

这就是鼓励和赞赏的作用。偶尔鼓励某个人一两句似乎没什么作用，不会立刻给世界带来不同。但如果持续不断地以人们重视的方式来鼓励和赞赏他们，效果将是巨大的。若一个企业由健康、有效沟通的单位组成，就像一个健康的身体能随时抵御入侵者一样，能够战胜各种各样的挑战，而不是一遇到问题就崩溃。

在你的工作场合应用这些概念

我们盼望，不论你在公司担任什么职位，都可以把本书的理念应用在你的工作中。我们看到，通过鼓励和赞赏同事，工作氛围得到了极大的改善。如果你觉得我们说的有用，可以将自己的赞赏激励方式测评结果告诉主管，鼓励他了解更多人的赞赏语。你还可以向大家介绍本书后"赞赏小窍门"里的内容。曾经有些主管听了员工的介绍感到好奇，给我们打电话，让自己的团队参加培训。在有些公司，这种培训只局限于一个部门；在另一些公司，培训通过某个部门扩展到整个公司。下面是我们最后一个例子。

凯西的经历

凯西是一家国际性社会服务机构的地区经理，她需要给辖区内3个州的核心领导人定期进行领导力培训。该机构是非营利组织，成员们都是出于某种感动而来服务的。虽然团队总体运行正常，但她担心员工会因工作压力大、薪水少而崩溃。凯西在一个领导力培训课程中知道了赞赏的五种语言。她觉得自己手下的领导人需要鼓励和支持，但是她也觉得难凭一己之力做到。

于是，我们就为她安排，组织各地人员开了一次视频会议，简单介绍了赞赏式激励的概念，并让每个人（约10个）做了赞赏激励方式测评。我们举行第二次视频会议，将每个人的主要赞赏语、第二赞赏语和最不重视的赞赏语做成图表，逐一分析他们的测试结果，并帮助他们制定了初步的行动计划。我们每两个星期通过邮件的形式，提醒他们用同事的赞赏语赞赏别人。我们这样做了3个月。

这样做的效果非常好！凯西告诉我们，知道了怎样有效赞赏下属，她更愿意鼓励和赞赏自己的下属了。她按照每位成员的主要赞赏语制定了行动计划。通过参加这个项目的培训，她和同事们都知道了如何有效表达对团队成员的感谢和赞赏。

凯西说："我以前总觉得，和同事们共事多年，已经非常了解他们，知道什么对他们很重要。现在发现，我并不了解有些同事。自从帮助他们明确自己的主要赞赏语，包括对他们最有意义的做法之后，现在即便离他们很远，我也能有效地鼓励和赞赏他们了。"

她继续说："我们团队的变化真是太大了。我们相处得更好，彼此赞赏得更多。大家发现有人在痛苦中挣扎的时候，就会主动去鼓励他。在我们看来，学习如何有效地赞赏别人，成了一项有趣的活动。"

在我们与凯西合作期间，她被提升负责一个更大的区域。凯西告诉我们："到了新的岗位，我还要继续推行赞赏式激励。那里的人事关系不是非常健康，内部竞争和争吵很多，需要用有效的方式来改善沟通。我相信赞赏会在那里发挥极大作用的！"现在，我们仍在帮助凯西实现她的目标。

现在就开始！

在与不同类型的公司、不同团队合作过程中，我们明白了一个重要原则：

> 一个计划成功与否，主要取决于人们是否认真去应用、灵活地调整做法，并且随着时间的推移坚持执行这个计划。

有效表达鼓励和赞赏并不是什么高深学科，理解起来并不困难。跟其他行为改变一样，成功推行赞赏式激励的关键是要开始应用，遇到困难时坚持不放弃。这样，你的努力必定收到积极的效果。

我们认为，人的天性是愿意工作的（尤其是做一些有意义、有成效的工作，不论是否有收益）。但一个人能否享受自己的工作，则跟以下因素有关：我们的工作态度，健康的人际交往习惯，受到肯定和重视，明白享受自己的工作是造物主给我们的一份礼物。

我们希望越来越多的员工和志愿者都能认识到，本书的理念能帮助他们营造良好的工作氛围。我们认为，一个组织的工作氛围越温暖，就越可能实现组织的经营目标。如果员工喜欢自己的工作，感觉到自己被重视和赞赏，他们就会更忠实于公司，更努力为公司的成功和发展而工作。

如果你认为本书对你有帮助，我们希望你能将它推荐给在其他公司工作的朋友，也欢迎你登录我们的网站，分享你的心得和见证。

赞赏和鼓励你的同事，改善工作环境，从你做起。

Notes

附录 赞赏小窍门

我们在向公司和机构推行赞赏式激励理念时，发现人们常常问一些相似问题。我们将这些问题整理并列出答案，列在这里。（也可以登录我们的网站查看。你可以打印出来与人分享。网上还有一些解释相关问题的小视频。）

在这里，我们会进一步探讨以下问题：

· 下属需要得到赞赏时，我如何能发现？

· 赠送礼物的最好（最省钱）方式是什么？

· 男人真的需要鼓励吗？

· 志愿者如何呢？

我们希望这些信息，能为你和你的同事提供更多帮助。

从细微处看真实需要

你周围的同事可能很需要赞赏，但你并不知道。因为不会有人在脸上写"请重视我"、"即将崩溃，请鼓励我"。

有些人在感到疲惫和丧气的时候，脸上会露出一些"端倪"。（人们有时也确实能明白这些暗示，去帮助和安慰他们）。但更多的人是"喜怒不形于色"，你很难了解他们的感受。另一方面，很多人对别人发出的此类信息很不敏感，即便你脸上写满了沮丧，他们也浑然不觉。

下面介绍几种常见的情绪信号，帮助你及时发现同事是否需要赞赏和鼓励：

沮丧

每个人都有灰心的时候。沮丧的人常常问自己，为什么要坚持下去。当你听到有人说"有什么可试的"，或者"我已经放弃了，算了吧"，你就可以知道，他们感到非常沮丧。

易怒和抵触

当你发现团队成员暴躁易怒时，他们很可能在为某些事情伤心或者生气。他们产生这样的情绪，既可能是因为工作，也可能是个人因素。人们的抵触情绪越大，问题就越严重——例如对新工作流程的抵触，对改变的抵触。一般来说，当人们付出的劳动得不到重视时，就会变得易怒和抵触。

拖沓或旷工

有些人有不满情绪不直接说，而是用一些间接的方式来表达，例如，他们经常旷工，或经常迟到。他们这样做等于说："我不想在这里工作"或"没有人重视我所做的"。虽然主管需要就事论事，解决人们的旷工和迟到等问题，但同时也需要向人们强调他们对公司的重要性。

玩世不恭

我们经常听到经理们抱怨说，下属总是摆出一副嘲讽的样子，对公司什么事都看不惯。这种态度表明他的内心充满了愤怒和不信任。持续、真诚的赞赏是解决问题的良方。

冷漠和被动

人们觉得自己不论做什么都得不到重视，也改变不了什么的时候，就会变得被动。冷漠（破罐破摔的态度）会表现为工作被动。当人们看到主管和同事不重视自己的付出的时候，就会变得被动。当你发现下属工作越来越被动时，不要视而不见，他们接下来可能就会消极怠工。

孤立自己

当人们得不到重视或缺乏归属感时，一个明显的迹象就是，他们把自己封闭起来，不再像过去那样和同事拉帮结伙，打成一片。他们拒绝和同事交流，也不跟大家一起吃饭。他们之所以这样，是觉得没有人关心他们。这些员工需要得到鼓励，得到别人的重视。

消极的工作氛围

如果一家公司的整体氛围都很消极，就说明大多数员工都需要得到鼓励和赞赏。同事之间互相积极地评价，会减少互相伤害，减少消极的回应方式和苛刻的反馈。这需要坚持不懈的努力。

小结

如果你是个有心人，其实不难捕捉到同事们需要得到重视的信息。应用五种赞赏的语言，了解对每个人最有意义的赞赏语，再辅以恰当的行动方案，就能将鼓励"说到对方心坎上"。这样做不但大大提高士气，同时也告诉大家，每个人都是团队不可或缺的一员。这些努力的结果，会使团队创造佳绩，每个人都从中受益。

如何奖励志愿者

鼓励和赞赏志愿者可能是最简单的事情，也可能是最复杂的事情。说其简单，是因为志愿者的期望值通常不高（从事青少年工作的志愿者除外），而且只要积极沟通，他们都会很认真地回应。

志愿者也很难表示鼓励和赞赏，原因首先是，他们工作时间不规律，有的一个星期来一次，有的一个月来一次，还有的是组织大型活动才露面。一旦他们来了，总会有很多事情要做，而且主管也是忙前忙后，相互交流的机会比较少。其次，志愿者机构的管理者对大多数志愿者都不熟悉，除了少数长期参加志愿者工作的人以外。

我们发现，对于志愿者组织来说，让志愿者参加赞赏激励方式测评，并给他们解释赞赏语的概念，对工作很有帮助。我们通常建议志愿者组织将赞赏激励方式测评作为他们每年的第一项活动，以此告诉大家，你重视他们，并希望在他们服务的过程中鼓励他们。

下面是一些简单易行的小窍门，帮助你鼓励和支持志愿者：

- 经常用积极的话鼓励他们。
- 及时向他们说"谢谢"。
- 强调你希望其他人效仿的好行为。
- 树立榜样，传播他们的事迹。
- 在团队成员或接受服务的人面前表扬他们。
- 迅速记住并叫出他们的名字。
- 他们参加活动的时候，主动和他们交谈；离开的时候，亲自道别。
- 和他们交谈的时候，眼睛要直视对方。
- 提出明确的工作要求和标准。他们达到标准后，要及时予以鼓励。
- 了解他们的特长及爱好。如果可能，最好让他们的工作和个人兴趣相结合。
- 和他们一起工作，更多地了解他们。
- 询问你如何能帮助他们把工作做得更好。
- 送给他们印有公司徽标的小礼物（确保礼物是他们需要和喜欢的），让他们更有归属感。
- 让志愿者们结成小组工作，而不是单打独斗。
- 在服务的过程中或结束后，给他们提供甜点。
- 安排时间和他们单独谈话，给他们提问，了解你在公司的职责。
- 让他们认识到自己的工作是在帮助公司实现目标。

无需花钱买的礼物

如今，赠送礼物似乎有点儿过时了，尤其是在工作场合。过去，遇到员工的工作周年纪念、生日、取得成就，公司都会通过赠送礼物来表达对员工的敬意。但现在，大家已经不愿意采取这种方式了。

为什么会发生这种变化呢？原因如下：

· 那些例行公事的礼物让我们形成了负面印象。

· 不知道同事想要什么样的礼物。

· 谁都不想总收到同样的东西（例如，谁想要两个咖啡杯呢？）。

· 认为送礼动机不纯或有贿赂的嫌疑。

· 没有时间和精力去购物。

然而，很多人是喜欢礼物的，认为礼物就是对他们的感谢，尤其是那些主要赞赏语是称心礼物的人。该如何满足他们的需要呢？以下是我们的几点建议：

1. 首先，弄清楚哪些同事的主要或第二赞赏语是称心礼物（注意：很少有人以称心礼物为主要赞赏语，所以注意大家的第二赞赏语）。人们通常都是喜欢礼物的，但往往更喜欢其他赞赏的方式。

2. 观察同事在闲暇时间参加哪些活动，了解他们的兴趣爱好。例如，他们爱看体育比赛、参加户外活动，还是喜欢参观艺术展览，或者阅读？留心（也可以询问）他们喜欢到哪里用餐。

3. 我们在"称心礼物"一章中提到过，有些人更喜欢某种经历而不是具体的东西。安排这种经历的花费并不是很大。所以，一种便捷的送礼方式是给他们钱，让他们做自己喜欢的事情。但大多数人不喜欢直接送现金，所以最好是送礼品卡、活动门票或购物券。上网看看，你可以选择的种类会有很多。你可以根据收礼人的兴趣随意挑选。

赞赏引发的问题

你相信吗，向同事表达赞赏和鼓励，居然会引发更多的问题？例如以下情况：

彼此关系紧张的时候。如果你和某位同事曾经关系紧张，你首先需要处理积怨，否则贸然过去表达感谢，很有可能会遇到对方冷脸。

步子太快。在工作中，我们可能会和同事产生矛盾，也许不同意对方的决定，也许因对方工作没有完成发生争执。你主动和对方进行沟通是必要的，但一上来就表达感谢，会让对方觉得突兀、别扭。

转变太突然。有些人为了积极应用培训的内容，转变的速度快得让人难以置信。例如，一个曾经不苟言笑的主管，突然变得谈笑风生，常常对人赞许有加。这种变化太突然，让人很难适应。

见风使舵。如果你曾私下严厉批评某一位下属，但在公开场合又表扬他，尤其在高层领导人面前，这会让人觉得你是两面派，故意讨好领导。

表里不一。这种做法就像是孩子被父母逼着给人道歉，嘴上说"对不起"，可眼神、语气和表情都告诉对方，他丝毫没有歉意。当你违心地表达感谢时，对方一眼就能看出来。

被表扬的人曾受到伤害。遗憾的是，有些人从小在不健康的环境长大、被家人虐待或曾被前任领导欺负。他们通常会有强烈的自我保护意识，不愿意相信别人，认为别人任何友善的举动，都是想利用他们。

面临裁员或降薪的时候。当公司面临财政困难，需要裁员或降薪时，你再怎么赞赏和鼓励也于事无补。这时，员工一定会觉得被伤害、焦虑，为未来担忧，甚至还会为失去要好的同事而伤心难过。如果主管在此时表现得太积极乐观，员工要么认为他迟钝、愚笨，要么会认为他虚伪。

如何预防发生以上情况？

1. **检查动机。**如果感谢的话不是发自内心，最好不说。

2. **分清场合。**虽然向人们表达赞赏和鼓励是一件好事，但是一定要分清场合。

3. **向你信任的同事了解情况。**如果你对表达感谢的时机和效果不太确定，可以事先找一个你熟悉的、了解情况的同事摸摸底。他们可能会告诉你一些小策略，诸如在什么时间、以什么方式表达赞赏比较好。

4. **三思而后行。**如果你不确信对方能很好地理解你，最好先不说。说话不在早晚，而在于是否得体，是否有好的效果。

最不重视的赞赏语，对你的事业影响最大

一个好的管理者懂得关注下属的需要。一般来说，我们与那些性格与自己相近的人更合得来，更容易向那些赞赏语与我们相似的人表达赞赏和鼓励。结果是，我们常常忽视自己最不重视的赞赏语。这种现象给管理者带来很多问题。

既然管理者注意不到某种赞赏语，自然也看不到需要它的员工那些微妙的暗示，就无法用恰当的方式鼓励和赞赏他们。他们可能固执地使用自己的方法，但对员工没什么影响。

日积月累，人们就会觉得自己不受重视。管理者也会觉得很沮丧，一再努力赞赏员工，然而收效甚微。最后，员工的工作表现开始变差，团队中的消极言论增多，团队有可能最终会失去有价值的员工。

幸运的是，你可以采取一些行动来防止这种情况发生：

1. 承认你最不重视的赞赏语，有可能成为你人际关系的短板。

2. 了解你最不重视的赞赏语是哪些同事的主要赞赏语。

3. 根据每位下属的主要赞赏语，制定一个具体的行动方案（例如，肯定言辞），并将这个方案放在醒目的位置。

4. 根据每位同事的赞赏语，制定一个具体的行动时间表（可以在日程表上设置提醒）。否则，你会很容易忘记用他们的方式表达感谢。

5. 定期询问下属，看他们是否感受到了你对他们的赞赏，有没有更好的建议（记住，他们的建议就是你需要提高的地方）。

小结

如果下属工作不努力，经常说一些消极话语，甚至因对公司不满而辞职，主管也会备感失败；相比较而言，那些运转正常、工作效率高、人员稳定的部门经理会更成功。所以，关注自己最不重视的赞赏语以及它们对下属的影响，对你的成功至关重要。通过主动采取行动，你可以变弊为利，成为一个更有影响力的经理。

承认并面对"古怪因素"

问：什么是"古怪因素"？

答：第一次了解赞赏语并开始在日常工作中实施的时候，很多人会有的一种反应。

问：当员工觉得赞赏的过程"古怪"的时候，他们最常见的表现形式是什么？

答：担心。担心是"古怪因素"最常见的特征。担心别人认为自己表达赞赏的动机是"不得已"；担心别人认为自己动机不纯；担心鼓励效果不佳，对方会产生负面想法。第二个特征是胆怯。每当我们要求人们尝试一些新方式时，人们总会觉得不自然。

问：为什么会有"古怪因素"？

答：大多数人希望别人对自己持正面的看法。人们不希望别人怀疑自己的动机，所以想做什么事情，总是要等到感觉别人不会产生误解才开始做。另外，人们为了避免尴尬，不想做一些自己感觉不舒服的事情，所以常常要等自己感觉舒服的时候再做。但事实是，如果你不开始做，永远都不会感到舒服的。

问：如何能减少古怪的感觉？

答：承认它。你对自己说"的确，这样做可能有些别扭"，然后开始做。拖延没有益处，别扭的感觉不会自行消失。通常，我们鼓励大家在开始的时候这样说："我知道，你可能认为我这样做是因为参加了赞赏式激励培训，其实不然，我很喜欢这种让你感觉……的方式。"经过一段时间，人们就会知道，每一个参加培训的人都开始尝试用新方式和大家交流。慢慢地，这种方式就变得自然了。

问：关于"古怪因素"，我们还需要了解什么呢？该怎么处理呢？

答：放松，不要过分担心。你要做的就是大胆尝试。如果你每天都试着采用这种方式，别扭的感觉会消失得快一些（记住：克服惧怕的唯一办法是反复实践，而不是拖延）。最后，给同事留有质疑的空间——假定他们是好意的、真诚的。的确，在工作场合表达赞赏的确需要一些勇气，因为那并不是工作所必需的。

男人不需要鼓励（错！）

我们时常听到有人说"我根本不需要鼓励"、"我不用别人夸奖我工作做得好。我可以自我激励。有些人可能需要，但我不需要"。

我们发现，若是深入了解这些人（大多数是男士），就会发现，他们对于赞赏和鼓励的理解非常狭隘。他们的意思其实是："他人言语上的表扬和赞美对我来说可有可无。"有些人属于自我激励型的人，很少希望他人来鼓励和支持自己。

但是，让我们换个角度来看这个问题。首先，我们承认工作不是一件容易的事情，特别是要长期坚持时。如果仅仅是做事情的话，还稍容易一点，但现实是，我们在工作中会遇到各种挑战和障碍，让本来就不容易的工作难上加难。想想你在工作中是否会遇到以下问题：

- 电脑故障
- 团队成员不能保质保量地完成自己的职责工作
- 竞争对手抢走了客户
- 不能按时发工资
- 资金紧张（资金不能到位，申请不到贷款）
- 人际关系问题，员工离职
- 家庭问题，健康问题
- 交通问题（交通拥堵，航班延误）
- 信件/电邮丢失
- 复印机/打印机故障
- 办公用品耗尽
- 重要会议延期
- 公司领导层人员变更
- 经济危机影响销售和资金流
- 政策法规改变，产生了更多的问题

每个人每星期都会碰到一件或几件这样的麻烦事。它们让我们筋疲力竭，更加觉得工作难做。

在这些困难面前，尽管有人不需要口头表扬，但是若把激励人们努力工作的鼓励也拿走，人们就更看不到希望了。其实，每个人在工作中都需要得到鼓励，只是不同的人需要的形式不同罢了。想想你在工作中是否得到以下好处：

- 完成一项任务后的满足感
- 不断开发新客户

- 技能和经验不断增长
- 学习如何更好地完成工作（有时是在错误中学习）
- 财务上的补偿（因生产的产品和提供的服务而得到报酬）
- 客户的感谢和别人的赞美（来自同事、供应商、客户、竞争对手、商业伙伴）
- 得到如何提高产品质量和服务质量的建议
- 赢得好声誉
- 同行的认可（专业机构、贸易伙伴、民间机构的奖励）
- 媒体的知名度（报纸、出版机构、电视台）
- 扩大经营范围，服务更多的人群
- 提供更高质量的产品和更高水平的服务
- 和他人相处的机会（共进午餐或开会）
- 同事的赏识

我们来做个实验。想象第一个清单中的问题你全都遇到了，再把第二个清单中所有好处全部取消，诚实地问问自己：在这种情况下工作一段时间后，我会不会崩溃？工作需要花时间，费体力和脑力，付出感情，没有一些积极的回馈，没有人能坚持下去。

我们都需要鼓励，只不过不同的人需要的形式不同。当有些人说"男人不需要鼓励"的时候，千万不要被误导。他说这话的意思是，他不像有些人那样喜欢听鼓励的话语。但我们可以了解一下他的赞赏语，没准他其实正需要某种形式的鼓励呢。

奖励员工的艺术

今天，企业和机构遇到的最大挑战就是资金缺乏——公司效益不好，非营利机构的捐款少，政府部门的预算少。做任何事情都会面临"要做的事多、能用的经费少"的情况。资金问题给人们带来了极大的压力，不管是主管、经理、雇员还是志愿者，都对此深有体会。企业没有余钱给员工加薪、发奖金、提供额外津贴，甚至连过去常常办的一些活动都被迫取消。

与此同时，因人员缩减，留下的员工不得不承担更多工作，工作强度大大增加，但培训费和研发新产品的费用却在减少。资金紧张的问题随处可见。更高的要求，加上更少的补助，无疑产生了更大的压力。日久天长，人们就会感到泄气、面临崩溃。

有效表达赞赏

调查研究表明，以下方式能有效表达对员工的赞赏和鼓励，而不需要支付更多的薪金。

1. **和员工进行一对一的高质量谈话。** 有效表达鼓励和赞赏的关键是，让对方明白你是真心实意的，知道你在设身处地替他们着想。相反，那种全世界通用的"感谢你努力工作"的感谢信，不但不会鼓励员工，反而会招致大多数人的反感。这种信里没有真情实感，根本不费工夫。

2. **鼓励员工的时候，要说对方的"语言"。** 如果我们所采取的方式对他们来说无足轻重，那就是在浪费时间和精力。我们设计赞赏激励方式测评，就是为了帮助你了解团队成员的赞赏语，并选择最适合的方式。

3. **说员工的赞赏语，不一定会花很多钱。** 的确，大部分人都喜欢加薪和奖金，但对于大多数企业来说，很难做到。简单地说，大多数人的赞赏语可以分成下面这五类：

   · 肯定的言辞

   · 精心时刻

   · 服务的行为

· 称心的礼物

· 身体的接触

以上这几种鼓励和赞赏方式都用不着花钱（即便是称心的礼物，也不需要花费太多）。举例说明：

· 主管给你写一张卡片，感谢你工作表现出色

· 同事在你办公室待了几分钟，聊聊家常

· 同事看到你被工作"淹没了"，主动过来帮一把

· 完成一个项目后，你得到一张礼品卡作为奖励

· 完成一个重要项目提案后，同事挨个和你击掌庆贺

请注意，以上表达赞赏的方式都不用花很多钱，关键是在正确的时间使用正确的方式，同时还要真诚。这样，你才能有的放矢，有效地鼓励周围的人。

10种最简单易行的赞赏方式

1. 口头表扬（"感谢你……""真高兴你能成为我们团队的一员"）。

2. 写一封电子邮件（"我只是想告诉你……""当你……对我真是太有帮助了"）。

3. **停下来看看他们的工作进展如何。**花几分钟时间和同事聊聊，了解他们工作的情况。

4. 安排和他们共处的时间。例如，一起吃顿饭。

5. 随手帮个小忙（帮忙开门或提东西）。

6. 他们忙得不可开交的时候，**看看自己能否帮忙做点什么。**

7. 买咖啡、饮料、零食和甜点。

8. 送几本他们感兴趣的杂志（运动、业余爱好、旅游胜地等）。

9. 当他们顺利完成任务后，上前击掌庆祝。

10. **热情问候**（对他们说"真高兴看到你"或"最近还好吗？"）。

www.ingramcontent.com/pod-product-compliance
Lightning Source LLC
La Vergne TN
LVHW041252080426
835510LV00009B/703